내가 지금까지 하지 못했던 것들

101THINGS TO DO IN THE YEAR

내가 지금까지 하지 못했던 것들

댄 펜웰 지음 | 손원재 옮김

큰나무

충만한 인생을 위한 도전

아이들이 자기 또래로부터 가장 많이 듣는 도전적이면서도 선동적인 말은 무엇일까? 바로 "덤빌 테면 덤벼 봐"라는 감히 해 보라는 식의 표현일 것이다. 이것은 넓은 진흙탕을 건너뛰는 것만큼 단순할 수도, 혹은 처음 키스할 때처럼 당황스러울 수도 있다. 어떤 이유에선지, 감히 해 보라는 이 표현은 뭔가 새로운 것을 시도할 수 있게 하는 동기를 불러일으킨다. 그러므로 이 책 속에 21세기를 대비한 88가지의 "덤빌 테면 덤벼 봐"가 담겨 있다고 생각하라.

데일 카네기는 이렇게 말했다.

"커다란 성공을 이룬 자의 대다수는 기꺼이 도전코자 하는 사람이다."

바라건대, 여러분이 더욱 성취감 있고 흥미로우며 의미 있는 인생의 목표를 찾는 데 있어, 이 책이 자극제와 촉매제 역할을 해 주었으면 한다.

나는 왜 이 책을 냈는가? 우리 모두는 안락함과 자기만족을 넘어 저편으로 쭉 뻗어나갈 필요가 있기 때문이다. 즉, 자동차 범퍼 스티커에 적힌 문구처럼, "틀에 박힌 생활이 만들어 낸 홈과 무덤 사이의 유일한 차이점은 오직 그 깊은 정도가 다를 뿐"이기 때문이다. 그 홈에서 벗어나 새롭고 다른 무언가를 하고 여러분의 삶과 가족의 삶에 변화를 만들어 가장 충만한 인생을 살 수 있도록 그 도전을 받아들여라.

자, 덤벼 보시라!

차
례

산다는 것은
호흡하는 것이 아니라
행동하는 것이다.

토요일 오후를
도서관에서 보내라

도서관에 가본 지 얼마나 되었는가? 도서관에는 특유의 분위기가 있어 사람의 마음을 편하게 해 주는 것 같다. 또한 방대한 자료가 비치되어 있고, 그 이용료는 거의 공짜에 가깝다.

도서관은 다음에 제시된 필요와 요구사항 또한 만족시켜 준다.

· 최신 베스트셀러 소설을 읽고 싶은가?
· 잡지를 좋아하는가? 당신은 현재 출간되는 수십 권, 아니 수백 권에 달하는 잡지와 신문을 찾아 읽을 수 있다.
· 특정 사건에 관한 정보가 필요한가?
· 자녀를 위한 서적과 카세트테이프를 찾고 있는가?

· 인터넷을 해 보고 싶지만, 도움이 필요했던 적이 있는가?

· 재미있고 조용하며 편히 쉴 수 있는 분위기를 찾고 있는가?

가까운 도서관을 찾아 토요일 오후를 보낸다면, 당신과 당신 가족 모두는 도서관이 제공해 주는 온갖 편의에 놀라게 될 것이다.

이제껏 공공 도서관에 소장된 광대한 자료를 이용해 보지 않았다면, 올해를 이 새로운 미개척 분야의 탐사 기간으로 삼아 볼 계획을 세워라.

매일 8잔의
물을 마셔라

물은 신체를 건강하게 유지시켜 주고 체중을 줄이며 노화를 늦춰 주는 단 하나뿐인 물질이다.

우리 체중의 75% 이상을 차지하고 있는 물은 신체에서 가장 중요한 요소이다. 그것은 신체의 모든 기능을 조절하며 노폐물 제거에도 필수적이어서 우리는 물 없이 살 수가 없다.

무인도에 갇히게 될 경우, 음식 없이는 몇 주 정도 버틸 수 있지만, 물이 없다면 열흘도 못 견디고 죽는다.

매일 8잔의 물을 마시겠다는 목표를 정하라. 아침의 옅은 커피 한 잔 또는 우유, 차, 과일 주스, 탄산음료 등을 포함시켜서는 안 된다.

하루 최소 8잔의 물이 신체조직을 원활히 움직이게 하고 최고의 건강을 유지하는 데 꼭 필요한 양이다. 규칙적이고 의식적으로 물을 마셔야 한다.

물을 마시는 것에 대한 몇 가지 흥미로운 사실들

· 몇몇 연구 결과를 보면, 냉수를 마시면 다이어트에도 효과적인 것으로 나온다. 물이 체내 칼로리 연소에 도움이 된다고 한다.

· 물을 마시지 않으면 우리 신체는 안전 조치로서 체내에 물을 보유하려 드는 경향이 있다. 그로 인해 체중이 늘어난다.

· 역설적인 사실 하나. 체내에 보유한 물이 과다할 경우 그것을 없애기 위해 더 많은 물을 마셔야 한다.

오래된 사진들을
정리하라

　　　　가정마다 최소한 한 명씩은 사
진 찍기를 좋아하는 사람이 있기 마련이다. 특별한 사건 때나
휴가는 물론 단순히 애완동물의 귀여운 모습, 또는 아이들의
성장하는 모습을 찍는 것을 말이다.

　사진은 찍는 것도 재미있지만 사진 찍기의 즐거움은 무엇
보다도 그 결과를 보는 일이다.

　우연히 책상을 정리하다 발견한 몇 년 전의 사진들은 우리
에게 크나큰 즐거움을 준다. 때때로 "내가 이런 촌스러운 모
습이었을 때도 있었던가?" 하며 웃음을 터뜨리기도 하고 "맞
아, 이 휴가 여행 때 정말 재미있었지. 다시 한 번 가보고 싶
다." 등의 많은 추억을 불러일으킨다.

가장 잘 나온 사진들을 앨범의 앞부분에 정리해 두어라. 언젠가 당신의 자녀들에게 "엄마, 아빠도 이런 멋진 모습이었을 때가 있었어."라고 자랑할 수 있을 것이다. 물론 몇십 년 후에 보면 그 모습도 엄청나게 촌스러워 보이겠지만 또 한 번 당신을 웃음 짓게 해 줄 것이다.

혹은 아기 때 사진, 유치원, 중·고등학교 때, 사회인이 되었을 때 사진을 연대순으로 붙여 두면 당신의 성장 모습을 볼 수 있어 펼칠 때마다 새로운 발전 각오를 다질 수 있다.

올해는 반드시 침대 밑이나 책상 서랍 속, 되는 대로 상자 속에 넣어 두었던 사진들을 모두 꺼내 정리해 보도록 하자.

단, 어떤 방법을 사용하건 반드시 면밀한 계획을 세워라. 시작하기 전에 특정 날짜순으로 할 건지, 연도별, 사건별 아니면 개인별로 할 건지 미리 결정하면 멋진 주제별 앨범이 탄생된다.

한 달에 한 번
새로운 요리를 시도해 보라

당신은 요즘 집에서 어떤 요리를 해 먹는가? 갈수록 패스트푸드와 간편하게 데워 먹는 갖가지 먹을거리들이 넘쳐나고 있는 요즘, 가족들이 모두 모여 요리를 만들며 이야기를 나누는 시간이 점점 더 줄어들고 있다.

혹 가정에서 직접 요리를 한다 해도 대략 열 가지 정도의 틀에 박힌 기본 메뉴만을 만들어 먹곤 한다. 가끔 아이들이 "할머니가 해 주시는 것처럼 좀 특별한 저녁을 먹자."고 졸라 대지 않는가?

올 한 해 동안 매달 새로운 요리에 도전해 보라. 훌륭한 요리사가 될 필요도, 특별한 요리 학원 강좌를 들을 필요도 없다.

그달에 시도해 볼 새로운 요리를 찾아낸 후, 기세 좋게 시작하라. 가족 구성원 중 한 명에게 그달의 요리를 정하고 그 조리 방법을 알아낼 책임을 맡길 수도 있다.

요리는 민족 고유의 기념일에 먹는 기본 음식이나 커다란 카세롤(찜냄비 요리)부터 고급 수프 혹은 호화로운 디저트까지 그 무엇이든 될 수 있다.

새로운 요리법을 찾기 위한 힌트들

· 신문에서는 수십 개의 새로운 요리법과 요리 아이디어를 특집 기사로 다룬다.

· 공공 도서관뿐 아니라 서점에도 많은 요리책이 비치되어 있다.

· 이제 요리책은 수천 가지의 요리법이 담긴 컴퓨터 소프트웨어로 나와 있다.

· 친구나 부모 혹은 친척에게 그들이 제일 좋아하는 음식의 요리법을 알려 달라고 요청하라.

매달 한 권 이상의
책을 읽어라

내가 알고 있는 모든 지식은 책을 통해 얻었다. 연애할 때는 소설 속의 멋들어진 대화를 인용해 편지를 쓰기도 했고 추리 소설의 놀라운 상상력은 곤란한 지경에 빠졌을 때마다 나에게 뛰어난 기지를 발휘하도록 도와주곤 했다.

한 조사를 통해 인간의 두뇌를 가장 많이 자극해 상상력과 창조력을 키워 주는 것이 바로 책이라는 사실이 입증된 바 있다. 또한 책은 우리의 모든 흥미와 관심사를 충족시켜 준다.

책은 읽는 사람마다 감흥이 다르므로 여러 가지 다양한 토론이 가능하다. 당신이 사는 지역에서 적당한 독서 토론회를 찾아 함께 이야기해 보라. 토론회에선 보통 한 달에 한 번 정도 사람들과 만나 정해진 주제를 가지고 독서 및 토론을 벌인다.

꾸준히 책을 읽으려면 이런 토론회를 적절히 이용하라. 당신이 선택한 책에서 발견되는 다양한 주제들에 대한 인식을 다른 이들과 나눔으로써, 당신은 정신적으로 넓어지는 계몽적이고 활기찬 경험을 하게 될 것이다.

혼자 영화를
보러 가라

몇 해 전인가, 나는 무슨 이유 때문인지는 잊었지만 혼자 영화를 보러 간 적이 있었다.

그건 정말 비참한 일이었다! 혼자 영화를 보러 가다니, 생각만으로도 정말 우울한 일이 아닌가. 게다가 그날은 평일 낮 시간이었던지라 극장 안에는 나를 포함해서 5명 정도의 관객만이 있었을 뿐이었다. 나의 우울은 극에 달했다.

"혼자 영화를 보러 오다니, 역시 제정신이 아니었어."

그러나 불이 꺼지고 영화가 시작되자 놀랍게도 나는 어느새 진지하게 영화에 몰입할 수 있었고 완전한 평화를 느낄 수 있었다.

그날 그 영화의 내용은 제대로 기억나지 않지만, 그 낯선 경험만은 지금도 생생히 떠오른다. 혼자 보는 영화의 묘미는 바로 이런 것이다. 머릿속을 텅 비우는 평화로움, 분명 그것은 낯설고 외로운 일이었지만 완전한 평화와 고독을 마주하는 확실한 방법임에 틀림없다.

생활에 쫓겨 머리가 터질 듯한가? 그럼 지금 당장 체면을 버리고 혼자 극장으로 향해라.

그리고 혼자만의 시간을 충분히 만끽한 뒤, 가벼워진 머리와 미지의 세계를 탐험한 성취감을 안고 극장 문을 나서라.

시사 주간지를
구독하라

최근 직장에서 동료들과 점심 식사를 같이하는 동안, 누군가가 정부의 최근 부정 사건에 대해 몇 마디 논평을 했다. 그 사건은 전날 밤 황금 시간대에 TV로 방송된 최대의 이슈임에도 불구하고, 믿을 수 없게도 식탁에 앉아 있던 여섯 명 중에서 두 명은 그 사건에 대해 아무것도 몰랐다.

동료들이 무슨 이야기를 하고 있는지 그 두 사람이 전혀 몰랐다는 사실은 내게 적지 않은 충격을 주었다.

문제는 지금 우리 주변에서 어떤 일들이 화제가 되고 있는지에 대해 무관심한 사람들이 생각 외로 많다는 것이다. 동시대를 살아가고 있는 우리는 세계에서 일어나고 있는 사건들에 대해 알 필요가 있다.

끊임없이 변화하는 뉴스에 대해 언제나 최신 정보를 놓치지 않을 가장 좋은 방법은 그때그때의 사건을 충실히 다루는 시사 주간지를 훑어보는 것이다.

앞으로는 더욱더 국내외적으로 엄청난 변화가 몰려올 것으로 예상된다.

우리 모두는 시대에 뒤쳐지지 않도록 가능한 최대한 최신 뉴스를 접해야 한다. 뉴스지誌를 구독하는 일은 그 목적을 이룰 수 있는 가장 손쉬운 방법이 될 것이다.

당신이 주식 투자를 하고 있다면 더욱 뉴스에 민감해져야 한다. 경제는 우리를 둘러싸고 있는 사회 환경에 대단히 민감하기 때문에 일어난 사건들을 유추해 주식 시세 변화를 예측할 수 있다. 뉴스에 민감해지는 것이 성공에 민감해지는 것임을 명심하라.

고등학교를
다시 방문해 보라

고등학교 시절을 회상하면 정말 산더미 같은 추억들이 밀려온다. 그곳은 단순한 배움의 장만이 아닌 그보다 훨씬 더 많은 것들로 가득 차 있었다. 아마 인생에서 그때보다 더 최고의, 그러면서도 더 최악의 경험들로 점철되었던 때도 없을 것이다.

그 당시 경험한 인생 최초의 몇몇 사건들은 그 무엇과도 비교할 수가 없다. 첫 데이트, 첫 키스, 좋아하던 선생님, 친한 친구들, 수학여행, 시험 등등 말이다. 또한 선생님이나 친구들과의 갈등, 자신이 누구며 어떻게 살아야 하는지에 대해 끊임없이 고민했던 기억들도 떠오를 것이다.

나는 40년 전에 고등학교를 졸업했다. 하지만 어떤 사건들은 바로 어제 일처럼 기억에 생생하다.

당신의 멋진 기억들 중 일부를 다시 재현해 보고 싶지는 않은가?

당신의 고등학교를 다시 방문해 보라. 당신이 좋아하던 선생님은 떠나고 안 계실 수도 있고, 당신의 친구들도 없을 테지만(그들이 지금 그곳의 선생님이 되지 않았다면) 추억들은 여전히 그곳에 남아 있을 것이다. 얼마나 멋진 회상 방법인가!

반 급우들을 모아 반창회를 열 수도 있다. 모두 함께 고등학교를 방문해 공부했던 곳을 둘러보아라. 나는 고등학교 졸업 40주년을 기념하여 나의 모교를 다시 방문할 날을 고대하고 있다.

헌책방에서
한나절을 보내라

대부분의 사람은 이제껏 쓰인 가장 최고의 책 중 일부가 헌책방에서 발견되며, 가장 최악의 책 중 몇몇은 오늘날의 초대형 서점에 진열되어 있다는 사실을 깨닫지 못한다.

소비자가 지배하는 우리 사회는 최신의 것이 가장 좋고 훌륭하다고 생각하도록 우리를 길들여 왔다.

하지만 그건 오산이다. 당신의 목표 중 하나로, 헌책방에서 오후를 보낼 계획을 세워라.

이제껏 한 번도 가본 적이 없다면 당신은 만족스러운 경험에 기뻐하게 될 것이며 또한 이미 단골이라면 더 이상의 설명이 필요 없을 것이다.

헌책방에 단 몇 분만 있으면 당신은 숨겨진 보석과 진주들을 발견할 수 있다. 그것도 모두 굉장히 저렴한 가격에 말이다. 마치 보물찾기 놀이를 하는 어린아이의 심정으로 헌책방을 둘러보아라.

· 뜻밖에도 당신이 학창 시절에 읽고 싶었지만 그냥 지나쳤던 고전들을 발견할 수도 있다.
· 대부분의 헌책방에서는 당신이 소장한 고서와 그들의 책장에 있는 다른 작품들을 서로 교환해 주기도 한다. 한번 생각해 보라. 당신은 새로운 읽을거리(최소한 당신에게는 그렇다)를 돈한 푼 들이지 않고 얻을 수 있다.

옷장을 정리해
안 입는 옷들을 기증하라

아내와 내가 이사를 결심했을
때, 피할 수 없는 장벽이 우리 앞에 놓여 있었다. 17년간 네 아
이를 키우며 사는 동안 구입한 갖가지 사이즈와 모양의 입을
수 없는 옷들은 말할 것도 없고, 이제는 입지 않아 처박혀 있
거나 심지어 새 옷인데도 입지 않는 옷들이 산더미같이 쏟아
져 나온 것이다. 그것들을 분류하고 포장하는 일은 때로 서글
픔을 느끼게도 했지만, 예기치 못했던 축복의 시작이었다.

나는 모범적인 시민이 되기로 결심하고 그 옷들을 고치고
세탁해 필요한 곳에 보내거나 알뜰 바자회 등을 하는 곳에 기
부하기로 했다. 그로 인해 우리는 필요 없는 물건들을 깨끗이
처분했을 뿐만 아니라 돈 들이지 않고도 착한 일을 했다는 뿌

듯함을 느꼈다. 더군다나 그런 단체에서는 세금 공제용 서류를 주므로 세금 감면까지 받을 수 있었다!

그러나 그 누구보다도 진정한 승자는 바로 그 단체였다. 그들은 판매 가능한 수십 벌의 의복과 우리가 수년간 쌓아 온 다른 물품들을 기증받아 진정 필요한 곳에 그것들을 쓸 수 있게 된 것이다.

당신이 다른 사람들을 위해 할 수 있는 가장 좋은 일 중의 하나가 옷장을 정리하여 남아도는 옷들을 기증하는 것이다.

이것을 당신의 '해야 할' 목록 중 우선 사항으로 삼아 자신뿐만 아니라 남까지 돕는 2중의 축복을 받아라.

댄스 강좌에
등록하라

"몇 주 전에 나는 아내와 볼룸 댄스 강좌에 등록했는데 이제 막 그 강좌를 끝냈습니다. 우린 정말 즐거웠어요. 이제 난 언제든 부기우기를 출 준비가 되어 있습니다."

나는 목사님이 설교 시간에 하신 이 말씀을 듣고 약간 충격을 받았다. 지금, 목사님이 그때 하신 설교의 핵심은 기억하지 못하지만 그가 아내와 볼룸 댄스를 배울 때 굉장히 즐거웠다고 했던 말만큼은 확실히 기억난다.

대부분의 아내는 남편들이 먼저 나서서 댄스 교습소에 등록해 준다면 무척이나 가슴 설레며 기뻐할 것이다. 그리고 그 반대의 경우도 물론 마찬가지일 것이다.

배우자에게, "우리 오늘 춤추러 가요."라고 말할 때의 가슴 떨림을 생각하며 한 번 시도해 보는 게 어떻겠는가?

그 외에도 운동, 긴장 해소, 낭만적인 자극, 새 친구 사귀기, 자신감 증가 그리고 기분 전환거리를 갖게 되는 것 등등 여러 이점이 있다.

올해는 새로운 무언가를 시도해 보는 해이다. 수줍어하지 말고 뛰어들어라. 댄스 강좌에 등록하여 기억에 남는 추억을 만들어라.

한국체육진흥회 댄스스포츠교실 dancekorea.pe.kr에 접속해 보면 왈츠, 탱고, 자이브, 룸바, 삼바, 스윙 등의 댄스 강좌를 무료로 수강할 기회를 가질 수 있다.

12

인생에서 가장 중요한
100가지 사건을
목록으로 작성하라

묵상, 회고, 비판이란 개념은 어쩐지 오랫동안 두렵고 놀라운 생각으로 받아들여져 왔다. 이에 대해 프랑스 철학자 데카르트는 다음과 같이 조언했다.

"덜 배우고 더 많이 묵상하라."

그의 조언은 300년이 지난 오늘날까지 우리에게 자신을 되돌아보는 일의 중요성을 일깨워주고 있다.

1960년대에, 랠프 에드워즈가 사회를 본 〈이것이 당신 인생이다〉라는 TV쇼가 있었다. 이 프로에 등장하는 유명 인사들은 고귀한 명목을 내세운 방송사의 교묘한 속임수에 넘어가, 자신이 그 TV쇼에 명예 초대 손님으로 나오는 줄로만 알고 있었다. 그런 후 가족, 친구, 이웃들이 줄줄이 나와 과거의 그에 대해 이야기를 한다. 유명인사는 비록 처음엔 놀라서 당황스러워하지만, 잊고 있었던 과거의 중요한 사건들을 접하게 되면서 어느새 그것에 대해 깊이 생각하고 회고해 보게 된다. 그 과정은 그들을 흥분시키며 새롭게 동기를 부여해 준다.

바로 지금이 당신의 인생을 뒤돌아보기 딱 좋은 때이다. 바로 올해를 개인적인 성찰의 해로 삼고, 지금까지 당신의 인생에서 가장 중요했던 100가지 사건을 적어 보아라.

여기 몇 가지 아이디어가 있다.

· 반나절 동안 숲이나 도서관처럼 조용한 곳으로 혼자 떠나라.

· 1년 단위로 사건들을 회고해 보고, 당신의 삶에 영향을 끼친 것들을 적어 보아라.

· 지금의 당신을 만든 100가지 중요한 사건들을 떠올려 보아라.

이것은 당신의 모든 것을 다시금 회고해 볼 수 있는 정신적 여행의 시간이 될 것이다.

13

학창 시절 친구들에게
전화하라

인생에서 가장 기억에 남는 즐거웠던 시간으로는 옛 학창 시절을 꼽을 수 있다. 별난 선생님들과 학교 연극, 합창 대회, 체육 대회 등과 수업 빼먹기, 야간 자율학습, 친구와 함께 하는 하굣길 그리고 졸업식 등등. 심지어 시험에 이르기까지 그 시절에 대해 떠오르는 모든 것들은 잔잔한 미소를 짓게 만든다.

그러나 그때를 특별하게 만들어 준 건 단지 학교나 특별 활동 혹은 선생님들만이 아닌 그 시절 함께 한 친구들과 나눴던 친밀한 우정이었다.

올해를 잊고 있던 옛 우정을 다시 회복하는 해로 만드는 건 어떻겠는가? 어느 날 저녁, 느닷없이 당신의 옛 친구가 당신에게 전화를 건다면 얼마나 기쁘고 즐거울지 상상해 보라. 당신은 물론이고 전화를 받은 친구 또한 그 순간의 기쁨에 전율을 느낄 것이다.

올 한 해의 아무 때나 당신이 먼저 전화를 걸어 보라. 친한 친구 서너 명 중에 졸업 후 연락이 끊긴 사람이 있는가? 그렇다면 다른 친구들에게 전화를 걸어 그 친구의 연락처를 알고 있는지 물어보아라. 그 과정이 다른 여러 친구와의 사이 또한 가깝게 할 계기가 될 것이다.

인생의 많은 부분이 왔다가 사라지지만, 우정은 영원하다.

14

정보의 바다를
헤엄쳐라

가공의 전자 정보 고속도로를
통해 당신은 인류 역사상 가장 위대한 문명의 이기利器 중 하
나를 마음껏 이용할 수 있게 되었다. 집에 설치된 컴퓨터를
통해, 공공 도서관에 있는 막대한 정보뿐 아니라 훨씬 더 많
은 것들에 즉시 접근할 수 있게 된 것이다.

인터넷을 이용하지 않는 사람은 정보와 자료 및 오락면에
서 한참을 뒤처져 있는 셈이다.

좋아하는 야구팀의 최근 승률을 확인하고 싶은가? 요리법
을 찾아보고 싶은가? 아니면 식료품 주문을 하고 싶은가? 새
차나 중고차를 구입하기 전에 어떤 것들을 고려해야 하는지
에 관한 실질적인 정보가 필요한가? 바로 이 순간, 당신이 사

놓은 주식은 얼마나 올랐을까? 주택 융자를 받기 전에 준비해야 할 사항들은 무엇인가? 당신이 좋아하는 작가의 신간 서적을 찾아 주문할 수 있는가?

그렇다, 이 모든 질문에 대한 대답을 인터넷에서 구할 수 있다. 게다가 당신은 우리의 정치 지도자들이 처한 입장이나 신의 존재 등에 관해서 다른 이들과 채팅하며 토론할 수도 있다. 당신이 상상할 수 있는 그 어떤 것에 관한 정보도 인터넷을 통해 이용 가능하다.

15

당신의 정신적인
측면과 끊임없이
대화를 나눠라

최근 뉴욕 타임스가 발표한 베스트셀러 목록에 가장 많이 포함돼 있는 책의 분야가 무엇인지 아는가?

경제 경영서? 미스터리나 감각적이고 흥미를 위주로 한 소설류? 위대한 이들의 이야기를 다룬 전기물? 그것도 아니라면 처세 실용서라고 생각하는가?

그것들 모두 정답이 아니다.

조용하지만 꾸준히 사람들에게 가장 많이 읽히고 있는 책은 바로 삶의 정신적인 측면을 다룬 것들이다.

왜 이렇게 인간의 정신적인 문제에 대한 관심이 갈수록 높아지고 있는 것일까? 인간은 왜 계속 채워도 채워지지 않는

밑 빠진 독과 같은 정신적 공동空洞을 가지고 있는 것일까? 그리고 어떻게 해야 이런 정신적 우물을 채울 수 있을까?

단언하건대 이 물음들에 대한 정답은 없다! 하지만 많은 현인의 지혜에서 도움을 얻어 볼 수는 있다.

그들은 인간은 식물이나 동물들과는 달리 정신적인 측면을 가지고 있고, 본질적으로 이 인간의 정신은 채워지길 갈망하는 정신적 공허를 갖고 있기에 끊임없이 정신적 측면과 대화를 나눌 필요가 있다고 말한다. 그렇게 해서 이 정신적 공허를 야망으로 바꾸고 성공 에너지로 변환시킨 사람만이 삶의 주인이 될 수 있다고 한다.

당신의 정신이 요구하는 것은 무엇인가? 지금 당장 당신의 정신적 측면과 대화를 나눠라! 당신의 정신이 요구하는 것에 민감해져라.

16

이웃을 위해
과자를 구워라

존과 메리 홉킨스 부부의 집 왼편에는 2년 전 이사 온 '새' 이웃이 살고 있다. 존과 메리는 새 이웃에게 호감을 느끼고 있지만, 이따금 손을 흔들며 인사하고 예의 바르게 말을 건네는 게 전부였을 뿐 먼저 나서서 새 이웃에 대해 더 알려고 하지는 않았다.

오른편에 사는 이웃은 존과 메리가 이사 오기 전부터 살았다. 그들은 항상 친절해 보였지만 이따금 하는 목례를 제외하곤 어떤 왕래도 없었다. 최근엔 길 건너편으로 새로운 가족이 이사 왔지만, 존과 메리는 아직 그들의 이름조차 모른다.

비록 가공으로 꾸며낸 것이지만 위의 이야기는 자신만의 작고 은밀한 세계 속에 갇혀 살고 있는 우리의 현실을 신랄하게 꼬집고 있다.

당신은 어떤가? 당신의 이웃을 알고 있는가? 스스로를 <u>좋</u>은 이웃이라고 생각하는가? 이웃이 도움을 필요로 할 때 도와준 적이 있는가?

이웃을 알고 그들과 친해지는 것을 올해의 목표로 삼는 것은 어떤가? 하루 저녁 시간을 내서 과자(혹은 당신의 특기인 다른 음식)를 잔뜩 만들어라. 그런 다음 직접 메모한 간단한 쪽지와 함께 건네주어라. 당신이 진심으로 그들에게 마음 쓰고 있다는 것을 알게 하라.

이웃을 위해 과자 굽는 것을 당신이 '앞으로 꼭 해야 할 100가지 일'의 목록 중 하나로 올려놓아라.

기억하라, 좋은 이웃은 인생이라는 과자 속에 박힌 초코 칩과도 같다는 것을!

17

개인 타임캡슐을
만들어라

타임캡슐은 어떤 형태로든지 인간이 출현한 이후 언제나 우리 주변에 존재해 왔다.

최초의 타임캡슐 중 하나가 바로 파라오들이 내세來世로의 긴 여행을 편안히 하기 위해 대비해 놓은 이집트의 피라미드이다.

1964년 만국박람회 기간에는, 6964년에 개봉하기로 한 타임캡슐 하나가 묻혔다. 그 안에는 신문, 비키니, 비틀즈 음반 등이 들어 있다.

새로운 세기를 맞아, 당신의 후손들 — 손자, 증손자 그리고 그 이상까지 — 과 가족 역사, 개인적 가치 및 종교적 전통의 일부를 나눌 기회를 가져라.

당신의 문화와 가치 및 유산을 기록하고 그것들을 타임캡슐에 저장하라.

당신의 타임캡슐에는 다음의 것들을 포함시킬 수 있다.

· 당신의 가족과 집 그리고 이웃이 담긴 사진이나 비디오테이프

· 보통예금통장_은행에 계좌를 개설해 10달러(약 만 원)를 저금한 뒤 50년이나 100년 후 당신의 후손들이 그 가치를 발견하게 하라.

· 당신의 인생에서 일어났던 100가지 가장 중요한 사건들의 목록

· 당신 자신의 신념을 쓴 글

그 외 개인적으로 가치 있게 느끼는 것들이 포함될 수 있다.

18

당신의 의견을
신문에 투고하라

신문이나 잡지의 독자 투고란
글들을 보면 그 중 어떤 것들은 눈부시게 뛰어나며 선동적인
사상이 담겨 있기도 하고, 또 어떤 것들은 앞뒤가 맞지 않고
무의미하다.

그러나 이런 투고에서 한 가지 사실만은 분명하다. 그것이
뛰어난 글이든, 논거가 희박하든, 아니면 공격적이든 간에 자
신의 의견을 밝히기 위해 시간을 냈다는 점이다. 의견 자체는
자신의 감정을 표현하기 위해 시간을 낸 것만큼 그렇게 중요
치 않다. 자신의 개인적인 감정과 통찰, 관심 및 반응을 간단
히 써 보는 일은 당신의 창조력을 일깨울 것이다.

당신은 자신의 의견을 피력하기 위해 편지를 써본 적이 있

는가? 당신이 굳게 믿고 있는 어떤 주제나, 당신을 화나게 하는 논쟁이 있는가? 교복 착용에 대해서나 낙태에 관해서도 당신만의 의견이 있을 것이다. 또는 다른 사람들이 편집자에게 보낸 이전의 편지들에 대해 다른 의견이 있을 수도 있다. 쓸 거리는 무궁무진하다.

바로 올해, 자신의 의견을 들려 줄 멋진 기회를 가져야 한다. 당신이 올바르고 명예롭다고 믿는 것에 대해 분명한 입장 표명을 해 보아라. 당신이 속해 있는 사회가 당신의 신념을 알게 해라. 당신은 아마 그 반응에 놀랄지도 모른다.

편지에는 반드시 이름과 주소, 전화번호를 명기해라. 신문사마다 요구하는 편지 분량도 제각기 다르므로 미리 알아 두어야 한다. 편지들은 길이, 명예훼손 가능성 그리고 내용의 정확성을 위해 보통 편집된다는 것을 유념해라.

19

간단한 일지나
일기를 써라

《안네 프랑크의 일기》는 역사상 가장 유명한 영화 중 하나이다. 이 영화는 나치의 공습과 강제 수용소로 이송되는 걸 피하기 위해 2년간 네덜란드 암스테르담의 다락방에 숨어 살았던 한 유대인 소녀의 일기가 그 원작이다.

그녀의 일기에서 안네는 그녀와 가족들이 그 비좁은 다락방에 숨어 지내는 것이 얼마나 무섭고 동시에 지루한 생활이었는지 기록해 놓았다. 한 어린 소녀가 두려움에 떨며 기록한 이런 내면의 생각과 관찰들은 지금도 수백만의 가슴에 깊은 감명을 주고 있다.

다행스럽게도, 당신은 나치 정권하의 이런 공포를 경험하

지 않았을 것이다. 하지만 당신이 실제로 21세기를 살게 된다
는 생각만으로도 당신의 생애에 일어날 흥미롭고 중요한 사
건들을 일기나 일지에 간단히 적어놓을 충분한 동기가 되지
않겠는가?

당신의 기록이 안네 프랑크의 일기만큼 수천만의 사람들
에게 영향을 끼칠 수는 없을지 몰라도, 당신의 인생과 자손들
에게 긍정적인 영향을 미칠 수도 있다.

일기에는 당신의 경험, 축하 행사, 가장 빛났던 순간들, 개
인적인 성찰에 관한 것도 자세히 기록해 두어야 한다. 몇 십
년 후 다시 펼쳐 들었을 때 그 기록은 웃음을 자아낼 뿐만 아
니라, 귀중한 역사적 기록이 되기도 한다.

20

국회의원들과 당신의
의견을 나누어라

어떤 교수가, "'무관심'의 정의를
내려 볼 사람?"하고 묻자 한 학생이 "모르겠습니다, 관심도
없는데요."라고 대답했다는 우스갯소리가 있다.

당신은 무관심을 어떻게 정의할 것인가?

냉담하고 완전히 신경을 쓰지 않는 것, 감정이나 어떤 의견
도 없는 것이 바로 무관심이 아닐까?

투표율이 50%도 되지 않는 요즈음, 내 한 표가 뭐 그리
대단한 의미가 있느냐며 투표를 경시한다면 그게 바로 무관
심이 아니겠는가? 또한 90% 이상의 대중이 자신들의 신념
을 대표자들에게 전달하지 않는다면, 그거야말로 무관심이
아닌가?

공무원들이 좀 다르게 행동해 주기를 바라는 일들이 천 가지도 넘으며 친구들과 정치에 대해 토론하는 때도 많은지라, 우리는 우리 자신들이 정부에 대해 무관심하다고는 생각지 않는다. 그러나 이런 개인적인 의견들은 보통 국회의원들에게까지 전달되지 못한다.

민주 정부가 제대로 기능하려면, 대표자들에게 끊임없이 의견을 제기하고 계속 그들을 독려해야 하는 시민의 책임을 충실히 이행해야 한다.

21세기에는 사회 전반에 걸쳐 더 많은 문제가 생기고 훨씬 더 복잡해질 것이다. 따라서 올해는 당신이 뽑은 대표들과의 의사소통을 모색해 보자.

인터넷을 통하면 그 어느 때보다 더욱 쉽게 당신의 의사를 전달할 수 있다.
대한민국 국회 홈페이지 www.assembly.go.kr에는 국민의 의견을 수렴하는 공간이 마련되어 있다.

21

목표를 정해
체중을 감량하라

넘쳐나는 음식에 넘쳐나는 살덩어리들. 이제 비만은 더 이상 부의 상징이 아니다. 날씬하고 아름다울 필요까지는 없지만 적어도 건강하게는 살아야 하지 않겠는가?

대부분의 사람들이 한결같이 살을 빼겠다는 결심을 한다. 절식에 원 푸드 다이어트, 심지어 단식원에까지 들어가는 등의 말 그대로 살을 깎는 노력을 아끼지 않는다. 다이어트 책자들이 서점의 선반들을 가득 메우고, 약국에선 최신 다이어트 유행 제품을 선전하며, 스포츠용품 가게에선 온갖 운동기구를 '역사상 최저 가격'으로 판매한다.

그러나 통계를 보면 다이어트를 시도했던 대부분의 사람

들이 다시 살찌는 것으로 나와 있다. 다이어트 횟수가 늘어남에 따라 몸무게 수치도 오히려 늘어나기만 한다.

줄인 몸무게가 다시 불어나지 않도록 하려면 어떻게 해야 하는가?

· 먼저, 어떤 대가를 치르고서라도 그 불어난 몸무게를 이번만큼은 반드시 빼겠다고 결심해야 한다. 어떤 확고한 결심을 할 필요가 있다.

· 단순하고 현실적이며 달성 가능한 목표를 정해라. 작년에 불어난 몸무게만큼만 빼겠다고 하는 식으로 말이다.

· 당신의 목표치를 적당한 분량으로 쪼개라. 만일 10kg이 불었다면 매달 1kg 정도 빼는 것이 좋다. 다시 말해, 당신의 목표는 '한 달에 1kg씩 감량하기'가 되는 것이다.

목표를 정하고 온몸으로 지킬 결심을 해라. 그것이 바로 비결이다.

22

촛불 밝힌 저녁 식사로
배우자를 놀라게 하라

21세기, 우리의 직장 상황은 남녀 할 것 없이 모두에게 더욱 감당키 어려운 요구를 하는 것 같다.

외견상 격주 토요일 휴무제나 주 5일 근무제로 여유 시간이 훨씬 더 생긴 듯하지만 일의 양은 줄어들지 않았기에, 아니 오히려 늘어났기에 과도한 업무 스트레스에 시달리고 있다. 게다가 핸드폰 등의 과학 기술의 발달로 온종일, 24시간 업무 체제에 노출되어 있다고 해도 과언이 아니다.

이런 상황에서 그 어느 때보다 남편이나 아내에게 자주 하던 사랑의 말들을 잊기가 쉬워졌다.

촛불 밝힌 깜짝 저녁 식사로 사랑하는 사람과의 사이에 다시금 애정의 불을 밝혀라.

다음의 내용이 당신의 은밀한 계획에 도움이 될 것이다.

· 최소한 한 가지 메뉴는 배우자가 좋아하는 음식으로 정하라.

· 음식을 직접 준비하거나, 배달해 주는 곳에 주문하라.

· 특별한 메시지나 애정이 담긴 선물과 꽃을 준비하라.

· 둘만이 함께 하기 위해 아이들을 맡길 수 있도록 준비하라.

그리고 반드시 촛불을 잊지 마라!

당신은 준비하고 장식하고 그것을 비밀로 하면서 즐거운 한때를 보내게 될 것이다. 즐거움의 절반은 사랑하는 배우자의 얼굴에 떠오를 놀란 표정을 기대하는 데서 올 것이다. 필시 당신의 배우자는 입을 다물지 못한 채 깜짝 놀라거나, 감동의 눈물을 흘릴 것이다.

촛불 밝힌 깜짝 저녁 식사 때는 "사랑해요."라고 크고 분명하게 외쳐라.

23

당신의 가계家系를
추적해 보라

과거에 대해 알고 싶어 하는 것은 당연하다. 이런 호기심은 단순한 흥미나 재미를 넘어선다.

정도는 다를지언정 거의 모든 사람이 자신의 조상이나 가계의 내력에 대해 알고 싶어 한다.

당신의 가계를 거슬러 올라가 조사해 보는 일을 올해 당신이 꼭 해야 할 목표 중 하나로 결정해라. 알려지지 않은 연결고리들을 찾는 일은 당신의 정신을 온통 빼앗는 가치 있는 취미가 될 수도 있다.

어떤 사실을 발견하게 될지 누가 알겠는가? 어쩌면 당신은 유명인사의 먼 친척일지도, 혹은 놀랍게도 악명 높은 악당이 당신의 가계에 숨어 있을지도 모를 일이다.

가계를 조사해 족보를 만들어 보는 게 왜 중요할까?

이런 조사를 통해 당신은 당신 자신의 삶에 대한 멋진 통찰력을 얻게 될 뿐만 아니라 당신이 이 우주에서 단순히 혼자서 있는 것이 아님을 알게 된다.

수많은 조상의 도움으로 지금의 당신이 존재하게 된 것이다. 이 일을 통해 당신은 자신의 존재 의의를 다시금 느끼게 될 것이다.

자, 어디서부터 시작하는 게 좋겠는가?

24

집 안의 서류들을
체계적으로 정리하라

존 데브로는 잡동사니들과 씨름하다 결국 두 손을 다 들 수밖에 없었다. 책과 서류철, 우편물, 팸플릿, 신문에서 오려낸 기사, 거기다 지난 10년간의 골프 잡지에 이르기까지 온갖 것들이 성채처럼 높이 쌓여 있었다.

존의 철학인 즉, '지금 쌓아두고 나중에 정리하자'였다. 당신은 존에게 하고픈 제안이 있는가?

무엇보다 존에게는 일단 바꾸겠다는 결심이 필요하다. 둘째로, 그는 서류 정리 작업을 시작함에 있어 세심한 계획을 세워야 한다. 또한 그에겐 서류 분류 방법에 대한 조언이 절실히 필요하다. 끝으로, 쓰레기통이 있어야 한다!

존과 당신을 위한 몇 가지 유용한 조언들

· 서류는 사무용 의자에 앉은 채 손을 뻗어 닿을 수 있는 거리에 있어야 한다. 바퀴 달린 서류 정리함을 장만하는 것도 좋은 방법이다. 일어나서 움직여야 하는 경우라면, 정리보다는 쌓아두기 십상일 테니 말이다.

· 이 작업을 위해 적어도 반나절 혹은 꼬박 하루를 비워야 한다.

· 80 대 20의 원칙이 여기서도 적용된다는 걸 알아야 한다. 다시 말해, 자신이 모아 둔 것 중 대략 20%만이 유용하다는 사실 말이다.

· 끝으로, 서류 정리를 잘 해놓는 까닭은 쌓아두기 위해서가 아니라 찾아보기 쉽게 하기 위한 것임을 명심해야 한다.

많은 사람이 서류 정리 작업을 체계적으로 하려 들 때마다 난관에 봉착한다고 느낀다. 하지만 잘 정리해 둔 영수증들이나 자료들은 정말 꼭 필요한 상황에 유용하게 사용된다.

25

매달 수입의 5%를
저축하고 그것을 투자하라

인간의 평균 수명이 점차 늘어남에 따라 이제 퇴직 후의 인생 설계 또한 중요한 일이 되었다. 하지만 아이들을 키우고 집을 늘려가고 이것저것 생활을 해나가다 보면 실제로 자신을 위한 저축은 별로 남아 있지 않게 된다.

우아하고 아름다우며 풍족한 노년 생활을 보내기 위해서는 지금부터 철저한 준비가 필요하다.

당신은 어떤가? 당신의 계획은 어떻게 되어 가고 있는가? 퍼팅할 때 정해진 순서를 따르는 골퍼처럼 돈을 저축하는 데도 정해진 순서가 필요하며, 그것을 연습하기 위한 훈련도 필요하다.

저축하는 최선의 방법은 돈이 자동으로 예금 계좌로 인출되게끔 만드는 것이다. 돈을 보지 않고, 직접 손에 쥐고 있지 않으면 결국 돈을 쓰지 않게 될 테니 말이다. 자동 인출을 이용함으로써 당신은 다른 이들에게 지불하기 전에 먼저 자신에게 지불하게 된다.

무조건 수입의 5%씩 저축하라. 만약 주당 천 달러의 수입이 있다면 50달러 정도가 자동으로 적금이나 연금 혹은 뮤추얼 펀드로 들어가게 하라. 그 돈은 일종의 안전 보험처럼 당신의 자신감을 키워 주고 비상시 커다란 힘이 된다.

'나 자신에게 먼저 지불하라'를 당신의 재정 관리에 있어서 가장 우선순위의 철칙으로 삼아라.

26

일주일 동안
TV를 꺼라

러시아의 상트페테르부르크 동물원 사육사들이 한 쌍의 오랑우탄 우리 앞에 텔레비전을 가져다 놓았다. 사육사들은 만일 아이 기르는 법에 관한 수많은 비디오를 그 영장류들이 본다면 그들이 그 기술을 배울지도 모른다고 생각했다. 그러나 수컷 오랑우탄 라부는 비디오에 푹 빠져 자신의 짝과 새끼들을 등한시하기 시작했다고 한다.

이 이야기는 너무 슬퍼서 우습지도 않다. 이것은 TV 시청이 가족에게 미치는 영향에 대해 우리에게 경각심을 불러일으키고 있다.

TV는 가족을 분열시킨다. 어떤 의미에서 TV는 가족이란 동그란 고리를 반쪽으로 만들어 버린다고 할 수 있다.

가족들이 여러 시간 계속해서 TV만을 응시할 때, 대화는 사라지고 말기 때문이다.

가족들을 단절시킨다는 것 이외에도, 연구에 따르면 TV는 아이들의 선악 개념에도 영향을 미치는 것으로 나타나 있다. 또한 보통 아이가 18살이 되면 TV를 통해 25,000건의 살인과 셀 수 없이 많은 간통 사건을 접하게 된다는 통계도 나와 있다. 오늘날 TV는 모든 사람의 생활에 커다란 영향을 미치고 정신을 쏙 빼앗는다.

로마 제국이 무너져 갈 때도 사람들은 서커스를 보며 변함 없이 행복해했다는 이야기가 전해진다. 로마의 서커스가 현대에는 텔레비전으로 대체된 것이다.

일주일 동안 당신이 즐겨 보던 TV쇼 따위는 다 잊고 오직 가족에게만 집중하라. 서로를 다시 알아가는 데 시간을 보내라. TV를 줄이고 더 많은 대화를 한다면 세상은 더 행복해질 것이다.

27

지갑에 항상
백 달러(약 십만 원)를
넣어 다녀라

모든 사람이 신용카드를 가지고 있고 거의 모든 가게에서 카드가 통하는 요즘, 하루 종일 현금 쓸 일이 별로 없는데 도대체 왜 현금을 갖고 다녀야 하는가?

여기 몇 가지 충분한 이유가 있다.

· 비상사태란 항상 있기 마련이다(단지 난처한 상황 이상이 될 수 도 있다).

· 마치 금전상의 보디가드처럼 어느 정도 안도감을 제공한다.

· 수중의 현금은 자부심을 높이는 경향이 있다.

· 놀랍게도, 아직 신용카드를 받지 않는 곳이 있다. 아마도 당 신은 신용카드가 통하지 않거나 어떤 이유로 해서 카드 사

용이 정지된 상황에 처할 수도 있다. 그때 감춰 둔 여분의 백 달러가 얼마나 큰 힘이 되겠는가.

돈을 잘 접어 지갑에 넣어 두어라. 이 자그마한 행위가 정말로 당신의 자부심을 높여 줄 것이다.

그리고 아무에게도 그 일을 말하지 말라. 이것은 당신만의 작은 비밀이다.

28

인라인스케이트
타는 법을 배워라

인라인스케이트는 요즘 전 세계적으로 가장 빠르게 퍼져나가고 있는 스포츠 중 하나이다.

인라인스케이트를 타는 사람들의 연령은 4살에서 84살에 이르기까지 전 연령대에 걸쳐 다양하다. 이 스포츠에는 나이의 장벽이 없다.

이 스포츠에 생소한 사람들을 위해 잠시 설명하자면, 인라인스케이트는 부츠 바닥 밑에 서너 개의 바퀴가 일렬로 고정되어 있는 가볍고 단단한 플라스틱 신발을 말한다.

운동의 필요성은 강하게 느끼고 있지만, 에어로빅이나 단조롭게 반복해야 하는 헬스 같은 것은 왠지 거부감이 든다면, 인라인스케이팅에 도전해 보는 것이 어떻겠는가? 그것은 조깅보다 재미있으면서도 운동 효과 또한 만점이다.

인라인스케이트를 처음 타게 되면 숨이 차오르고 허둥대기도 하고, 넘어지고 부딪히며 심하면 다칠 수도 있다. 하지만 마침내 멋지게 한 바퀴 돌게 되고 땀까지 흘리게 되면 당신은 자기 자신과 삶에 대해 더욱 나아진 기분을 느끼게 될 것이다.

한 번 모험을 해 보라.

인라인스케이트를 타고 한바탕 거리를 질주해 보는 게 어떤가? 분명 새로운 기분 전환이 될 것이다.

인라인스케이트는 시멘트나 단단한 표면 위에서 타게 되므로 되도록 헬멧과 팔꿈치, 손목, 무릎 보호대들을 착용해야 한다.

29

영화《남아 있는 나날들》을
배우자와 함께 보라

《남아 있는 나날들》은 내게 가장 정직하고 로맨틱하며 의미심장한 감동을 주었다.

《남아 있는 나날들》은 학자이자 작가인 C. S. 루이스와 미국 시인 조이 데이빗먼 그레셤 간의 로맨스를 각색하여 묘사한 작품이다. 옥스퍼드 대학의 위풍당당한 모습과 인근 병원의 한 그늘진 병실이 이 영화의 배경 무대이고 안소니 홉킨스와 데브라 윙거가 각각 루이스와 그레셤 역할을 맡았다.

C. S. 루이스는 영문학자이자 영국 국교회 신학자이며 작가였다. 영화 속에서 그는 학식과 위치에 걸맞게 판에 박힌 삶을 살면서 모든 질문에 답을 아는 현학자로 나온다. 수업 시간에 강의할 때면 자신감에 차 있고 명석함으로 빛난다. 7년

에 걸쳐 조이 그레섬과 서신 교환을 하면서 그것이 우정에서 사랑으로 그리고 결혼으로 이어지나, 결국 그녀가 암으로 세상을 뜨면서 그들의 모든 인연은 중단되고 만다.

루이스는 자신이 답할 수 없는 문제에 직면하게 된다. 신이 인간을 다루는 방식에 확신을 가질 수가 없게 된 것이다. 가장 기억에 남는 장면은 신이 행복을 주고는 다시 빼앗아 갔다고 믿는 루이스가 신에게 독설을 퍼붓는 대목이다. 이렇듯 슬픔과 싸우던 루이스는 조이의 어린 아들에게 책임감을 느끼게 되면서 살아갈 이유를 발견하게 된다.

로맨틱한 저녁을 위한 제안 하나. 멋진 레스토랑에 예약하고 당신의 배우자와 분위기 있는 저녁 식사를 즐겨라. 그리고 집에 돌아가《남아 있는 나날들》을 함께 보면서 하루를 마감하라.

아침에 깨어나 당신의 가장 가까운 사람이 건강하다는 사실에 감사하라.

30

자원봉사 활동에
참여하라

해비타트 운동은 무주택 서민의
주거 문제를 해결하기 위한 초교파적 민간 운동이다.

현재까지 전 세계 70,000가정의 350,000여 명이 넘는 사람
들이 이 단체의 노력 덕분으로 저렴한 가격에 꽤 괜찮은 주택
을 제공받을 수 있었다.

이런 집들은 지어진 다음, 건축업자에게 돌아가는 수수료
없이 무이자 대출을 통해 입주할 가족들에게 팔린다. 이들이
매달 납입하는 대부금은 다시 이 단체의 기금으로 조성되어
더 많은 집을 지을 수 있게 되는 것이다.

현재 국제 해비타트는 67개 나라에서 진행되고 있고, 미국
에서만 1,400여 개가 넘는 지부가 있으며, 전 세계적으로는

300개 이상의 지부가 더 있다.

여러분도 충분히 짐작하겠지만, 그들이 지금 절실히 필요한 것 중 하나가 바로 자원봉사자들이다. 수많은 교회와 대학생들이 적극적으로 활동하고 있으며, 가장 유명한 자원봉사자로는 전 미국 대통령 지미 카터와 그의 부인 로잘린 카터가 있다. TV 뉴스에서 직접 망치와 다른 장비를 들고 열심히 일하던 그들의 모습을 당신도 보았을 것이다. 인터뷰에서 그들은 "정말 멋진 경험입니다."라고 소감을 밝혔다.

일주일간 해비타트에서 자원봉사자로 활동할 계획을 세워라. 꼭 해비타트가 아니어도 괜찮다. 근처의 보육원, 양로원 등 봉사할 곳은 많다.

봉사는 우리에게 진정한 기쁨을 준다. 아무 대가가 없을지라도 단순히 "고맙습니다."라는 말 한마디만으로도 부자가 된 것 같지 않은가?

31

당신 생의 마지막 해에
관해 간략한 글을 써라

대부분의 사람은 자신들이 죽지 않을 거라는 막연한 생각을 하고 있다.

더군다나 세상이 나 없이도 계속된다는 것은 생각할 수도 없다. 자신이 장례식의 주인공이 된다는 생각은 분명 상상만으로도 불쾌한 일임에 틀림없다.

어떤 신비로운 방법을 통해서 우리의 생이 내년 1월 1일 끝날 것이라는 사실을 알게 되었다고 가정해 보자. 당신은 당신에게 남은 마지막 해를 어떻게 보낼 것인가?

놀랍고도 두려운 질문이지 않은가?

여기에 당신이 고려해야 할 몇 가지 것들이 있다.

· 아마도 현재 당신의 삶에서 일이 가장 핵심적이고 중요할 것이다. 당신이 생의 마지막 해를 반추해 보고 있다면, 당신은 지금보다 더 많은 시간을 사무실에서 보내기를 바라겠는가? 아니면 가족을 제1순위로 올려놓지 않은 것을 후회하고 있겠는가?

· 가족 이야기가 나온 김에 하나 더. 자, 당신은 마지막 해의 얼마만큼을 가족과 함께 보내겠는가?

· 친구는 어떤가? 친한 친구를 위해 더 많은 시간을 들였더라면 하고 바라겠는가? 그렇다면 친구를 위해서는 마지막 해의 얼마만큼을 할당하겠는가?

· 정신적인 면에 대해서는 어떤가? 삶이 끝나가고 있는 것을 지켜보면서 당신의 마음을 어떻게 정리할 것인가?

이런 문제들에 관해 충분히 생각해 보고, 당신 생의 마지막 해에 하고 싶은 것 중 특별한 몇 가지를 종이에 간략히 메모하라.

그런 다음 이제부터 그 항목들을 당신 생의 중점 사항으로 삼아라.

32

수확의 기쁨을
즐겨라

　　　　　　　손수 야채를 재배해 본 사람이
라면 직접 키운 덩굴에서 자란 빨갛고 즙 많은 토마토보다 더
맛있는 것은 이 세상에 없다고 말할 것이다. 물론 방금 껍질
을 깐 달콤한 햇완두콩이나, 처음 수확한 단내가 물씬 나는
옥수수, 햇감자, 무, 양파, 상추는 제외하고 말이다.

　두 평 남짓한 여유 공간만 있어도 당신은 채소밭을 가꿀
수 있다. 공간이 부족하다면 화분을 몇 개 사서 토마토, 양
파, 허브를 심고 또 그 화분들로 채소밭의 가장자리를 장식
할 수 있다.

채소를 기르는 것이 무슨 이득이 있을까? 그냥 가게에서 사 먹는 게 낫지 않겠느냐고 묻는다면…….

· 슈퍼마켓이나 시장에서 파는 흔해 빠진 채소들은 맛과 영양 면에서 직접 키운 신선한 채소와 비교조차 될 수 없다.

· 가게에서 산 야채들은 대부분 비료, 살충제, 제초제 등의 화학약품에 시달린 것들이다. 그에 비해 가정의 채소밭은 그야말로 무공해 신선 야채이다.

· 당신은 자신이 심은 농작물이 자라는 것을 지켜보면서, 또한 직접 키운 신선한 채소를 따면서 진정한 기쁨을 맛보게 될 것이다.

· 무엇보다도 가장 훌륭한 이유는, 당신의 사랑이 담긴 노동의 결실을 친구 및 이웃들과 나눠 먹을 수 있는 기회가 생긴다는 것이다.

개인 텃밭을 빌릴 수도 있다. 주말농장 제도를 이용하면 적당한 비용에 햇살 아래서 땀 흘리는 수확의 기쁨을 맛볼 수 있다.

33

매일 새로운 단어를
하나씩 습득하라

내가 리처드의 사무실을 방문했을 때의 일이다. 그는 작은 사전을 손에 들고 책상에 앉아 있었다. 내가 그 사전을 가지고 뭘 하고 있느냐고 묻자, 그는 이렇게 대답했다.

"나는 정말이지 내 어휘력을 늘리고 싶다네."

그는 늘 새로운 고객을 만나 끊임없이 대화해야 하는데 어휘력이 부족해 많은 곤란을 겪고 있다고 설명했다. 그래서 매일 새로운 단어를 하나씩 습득해 나가기로 규칙을 정했다고 했다.

생각해 보면, 매일 새로운 단어를 하나씩 배우는 것은 그다지 어려운 일이 아니다. 그러나 그것은 지속적인 관심과 실행이 수반되어야 한다.

기술의 발전과 사회의 다변화로 인해 매일 새로운 단어들이 수십 개씩 생겨나고 있다. 암호화되다시피 한 청소년들의 대화와 인터넷에서 사용되는 통신 용어, 뿐만 아니라 어렵고 현학적인 신문용어에 이르기까지 낯설고 생소한 단어들이 끝도 없이 늘어나고 있다.

날마다 새로운 단어를 하나씩 습득한다고 가정하면 일 년에 365개의 새로운 단어가 당신의 것이 된다. 만약 25년 동안 매일 계속한다면, 늘어난 9,000개의 새로운 단어로 인해 당신은 어느 분야든 최소한의 정보는 갖고 있는 셈이 되고 모든 대화를 매끄럽게 진행해 나갈 수 있다.

당신은 그것을 시작할 수 있겠는가?

조지타운 대학 의대 팀의 연구 조사 결과에 따르면, 어휘력이 증진되면 IQ 또한 높아진다고 한다.

34

자신의 장점과
단점을 나열해 보라

　　　　　　　　　"자신의 장점과 단점에 대해 말
해 보시오."

이 질문은 고용주들이 면접 때마다 흔히 물어보는 질문 중
의 하나임에도 불구하고 언제나 면접자를 긴장시킨다.

당신이 이제껏 자신의 전반적인 장점과 단점에 대해 평가해
본 적이 없다면, 그 일이야말로 당신이 꼭 해야 할 과제이다.

그것은 앞으로 있을 면접을 도와줄 뿐만 아니라, 당신 자신
의 가치를 한층 끌어올려 준다는 점에서 더욱 중요하다. 또한
자신의 현재 모습에 대해 스스로 평가를 한다는 데에도 큰 의
의가 있다.

마음속으로부터 학창 시절로 돌아가 조금씩 시간의 흐름

에 따라 생각해 보라. 다른 이들로부터 받은 칭찬에서부터 개인적으로 만족스러웠던 상황들까지 생각나는 대로 간단히 메모하라. 동시에 부정적이고 심지어 비난까지 받았던 상황들도 기록하라.

그다음, 종이 한 장을 꺼내서 중앙에 세로로 줄을 긋고는 한쪽 위에는 '장점'이라고 쓰고 다른 쪽 위에는 '단점'이라고 쓴 뒤 장점과 단점들을 적어 나가기 시작하라.

이 일을 할 때는 객관적인 관점을 유지해야 함을 명심하라. 친한 친구나 가족들에게 당신에 대해 이야기해 달라고 하면 좀 더 객관적이고 자세한 정보를 들을 수 있다.

자신에 대해 알면 알수록 당신 자신의 능력을 최대한 발휘할 수 있다.

> 목록을 바탕으로 배우자 혹은 친구들과 함께 단점을
> 보충할 방법과 장점을 더욱 갈고 닦을 연구를 해라. 또
> 한 당신이 알게 된 장점을 새롭게 향상시킬 삶의 기초
> 로 삼아라.

35

삶을 단순화시켜라

지나친 소비 중심 사회로 인해 물건들이 넘쳐나고 과도한 긴장과 스트레스가 우리의 건강을 위협하고 있다. 가정과 직장에서 당신에게 부과된 요구들이 견딜 수 없게 느껴지는가? 많은 걱정, 스트레스, 과도한 소비 성향 등은 삶을 더욱 복잡하게만 만들 뿐이다.

당신의 삶을 단순화시켜라! 제일 먼저 욕심을 버려라. 남에게 뒤쳐지기 싫고, 남들 하는 것은 다 해 보겠다는 생각을 버려라. 그리고 자신만의 기준을 세워 단순화시켜라.

단순하게 살 수 있도록 확실히 인도해 주는, 어떤 절대적인 '삶을 단순화시켜 주는 점검표' 같은 것은 없다. 하지만 단순화된 삶 속에서만 발견할 수 있는 몇 가지 특징들은 분명히 존재한다.

이 목록들이 당신에게 올바른 방향을 제시해 주고, 당신의 삶을 단순화시킬 수 있는 추진력을 제공해 줄 것이다.

· 단순한 삶은 일보다 가족을 더 중시하도록 만든다.
· 단순한 삶은 불필요한 물건을 사지 않게 하며 결국 쇼핑으로 인해 빚어지는 복잡함 또한 줄여 준다. 근본적으로 빚을 지지 않도록 해 준다.
· 단순한 삶이란 적게 먹고 검소하게 사는 것을 의미한다.
· 단순한 삶이란 종국에는 삶을 향한 당신의 생각까지 단순화하는 것을 의미한다.

단순하게 생각하고 단순하게 행동하라. 다른 이들이 어떤 의도를 가졌는지 고민하지 말고 그들에게 진심으로 대해라. 진실은 언젠간 통한다. 고리타분한 경구이지만 이것은 시대를 넘어서 변함없는 진리이다.

: 36

신용카드 하나를
완전히 갚아라

만일 당신이 2,000달러를 21%
의 이자로 신용카드 대부를 받은 다음 매달 잔액의 2%만을
갚아나간다면, 빚을 다 갚는 데 무려 30년이나 걸린다!

투자와 재정 전문가들은 신용카드 빚이 총수입의 20%를
넘는 사람은 아마도 현재 큰 곤경에 처해 있을 것이라고 말
한다.

당신이 현재 두세 개 이상의 신용카드 빚을 갚아 나가고 있
다면, 좀 힘들겠지만 6개월 이내에 최소한 한 신용카드의 빚
은 다 갚겠다는 목표를 정해라.

· 가장 이자가 높은 신용카드부터 지불하라.

- 연 이자율이 가장 낮은 신용카드를 찾아서 당신의 나머지 카드빚을 그 카드로 옮기는 방안을 고려해 보라.
- 예산을 엄격히 세우고 그것을 확고히 실행하라.
- 신용카드의 빚을 매달 최소한도만 갚지 말고 가능하다면 완전히 갚아 나가도록 하라.

신용카드 빚도 빚임을 명심하자. 때때로 신용카드 빚을 가볍게 여기거나 그에 따른 이자를 별거 아닌 것으로 생각하는 사람들이 있다. 이자의 일 년 총액을 한 번 내봐라. 그 돈으로 당신이 무엇을 더 할 수 있는지 생각해 봐라. 정도가 심한 사람들은 이자의 총액으로 해외여행까지 갔다 올 수 있을 것이다.

성공 강좌에
등록하라

최근 직장인, 일반인들을 대상으로 하는 일련의 성공학 강좌가 늘고 있다.

당신이 현재 어떤 일을 하고 있고, 어떤 처지에 놓여 있건 간에 그런 강좌를 놓치지 마라. 상상 이상으로 당신의 인생에 커다란 전환점을 가져다 줄 수 있다.

또한 당신이 더 나은 직장인이 되게 하고, 더 높은 목표를 이룰 수 있도록 동기를 부여해 주며, 더 좋은 부모가 되도록 도와준다.

여기 성공 강좌로부터 얻을 수 있는 보상 목록이 있다.

· 사회생활에서 제일 두려운 것, 즉 사람들 앞에서 말하는 것

에 대한 두려움을 극복하도록 자신감 부여

· 의사전달 기술의 향상

· 값진 암기 원칙 습득

· 강력한 리더십의 원칙과 기술 습득

· 인간관계를 향상시킬 수 있는 방법 습득

· 동기 부여, 사기, 팀워크에 대한 통찰력 습득

　성공 강좌에서 당신은 성공한 사람들의 비결을 배울 수 있다. 그 비결들이 아무에게나 다 통하지 않을 수도 있겠지만 최소한 자신만의 '성공 비결'을 만들어 나가는 데 도움이 될 것이다.

: 38

자신의 책을 써라

한 번쯤 자신의 책을 쓰는 것에
대해 상상해 보지 않은 사람이 누가 있겠는가? 아침에 출근
해 저녁에 퇴근하는 지치고 단조로운 일과를 집어치우고, 하
루 종일 컴퓨터 앞에 앉아 복잡하게 얽힌 수수께끼 같은 줄거
리나, 세상을 뒤바꿀 경이적인 이야기를 전개해 나가는 자신
의 모습을 상상해 본 적이 있을 것이다.

책을 쓴다는 것, 자신의 이름이 박힌 한 권의 책을 갖는다
는 것은 매력적인 일이며 동시에 자신감과 능력을 한껏 신장
시켜 준다.

여기 책을 쓰기 위한 몇 가지 제안들이 있다.

· 창작 강좌에 등록하라.

· 당신이 열정을 가지고 있으면서도 잘 아는 분야에서 창작 주제를 찾아라.

· 매주 일정 분량을 쓰겠다는 목표를 세워라.

· 멋진 책 기획서를 준비하라. 당신의 책이 왜 중요하고 왜 팔 릴 만한지 그 이유를 설명하라.

· 출판업자가 관심을 보이면 당신의 약력과 책의 목차, 상세한 개요 그리고 3개 장 정도의 견본을 최대한 일목요연하게 정 리해 제시하라.

· 당신의 책을 출판하기 전에 돈을 요구하는 '쓸데없는' 출판 업자들을 멀리하라.

글을 써서 돈을 벌겠다는 생각은 꿈도 꾸지 마라. 보통 책 한 권이 나오면 겨우 3,000부 정도 팔리고 인세도 얼마 안 된다. 즐거움과 만족, 자기 훈련을 위해 글을 써라.

39

연주회 티켓을
4장 구입하라

오래전 누군가 연주회나 공연의 티켓을 살 때는 항상 2장이 아니라 4장을 사라고 충고했다. 만약 그 공연이 두 사람에게 즐겁다면 네 사람에게도 즐거울 테니 친구들을 초대해서 즐거움을 두 배로 누리라는 설명과 함께.

많은 도시에서 연주회나 무대 공연을 볼 수 있는 정기 예약 티켓 신청을 받는다. 정기 예약 프로그램에 등록하면, 당신은 티켓 구매 시 상당한 할인을 받게 되고 그로 인해 두 명의 친구를 더 데려가는 데 드는 부담도 한층 줄어든다.

문화 행사에 친구를 초대하는 것은 우정을 돈독히 하는 멋진 방법이다. 이웃과 친해지고 싶을 때도 공연을 이용해 봐라.

당신이 초대한 귀빈들은 그날 교향악단이 선정한 곡들에 대해 어떤 특별한 의견이나 지식을 가지고 있을 수도 있다.

나중에 그날 연주되었던 곡들을 듣게 되면, 그때 같이 갔던 친구들과 함께 나눈 이야기를 기억하며 미소 짓게 될 것이다. 단순히 음악이나 공연만이 아닌 그 친구들이 당신의 추억을 더욱 빛나게 해 준다.

무언가를 같이 한다는 것, 특히 감정의 교류를 나누는 것만큼 더 관계를 풍요롭게 해 주는 것은 없다.

40

단지 "사랑한다"는 말을
전하기 위해 꽃을 보내라

사람들은 때때로 단지 말다툼 후 사과하기 위해서, 혹은 자신의 경솔한 행동을 무마하기 위해 아무 의미 없이 꽃을 보내곤 한다. 그러나 목적이 그것만이라면 번잡하게 꽃까지 보낼 필요는 없다.

꽃을 주기 위해 기념일이나 생일까지 기다릴 필요도 없다. 단지 "사랑한다."는 말을 전하기 위해 꽃을 보내라. 아마 당신의 아내나 남편이 늘 꽃을 받는 최고의 수혜자가 되겠지만, 꽃다발은 당신이 사랑하는 사람, 즉 자녀, 부모님, 조부모님, 친한 친구, 각별한 선생님 혹은 특별한 격려가 필요한 동료 등등 누구에게나 보낼 수 있고 또 마땅히 그래야만 한다.

어떻게 또는 어디로 보내면 그들이 더 기뻐할지 아이디어를 짜내 보아라. 직장으로 꽃을 배달하면 더 많은 '법석거림'과 박수갈채를 받을 수 있는데, 굳이 집으로 배달할 필요가 있겠는가?

흥미로운 사실은, 남자들 또한 여자 못지않게 직장에서 꽃을 받으면 가슴이 설렌다는 것이다. 그것은 동료들에게 그가 얼마만큼 사랑받고 있는지 알게 해 주기 때문이다.

다른 사람에게 꽃을 보내는 것은 당신이 보여줄 수 있는 가장 멋진 사랑의 표현 중 하나이다.

오직 "사랑한다."는 말을 전하기 위해 사랑하는 이에게 꽃을 보내라. 그것은 언제나 환영받는 선물이다.

41

열기구를 타라

열기구를 타고 구름 위를 나는 상상을 해 본 적이 있는가? 행성 지구의 장엄한 모습을 내려다보며 독수리와 함께 날고 손을 뻗어 나무 꼭대기를 만져 보고 싶지 않은가?

살랑살랑 부는 바람에 실려 꿈꾸듯 흔들거리는 열기구 안에서 맛보는 색다른 경험. 열기구 비행을 하면 고요한 평온 속에서 이 모든 것이 가능하다.

360도로 펼쳐지는 지구의 장관을 보는 것은 결코 잊지 못할 경험이 될 것이다. 놀랍게도 고소공포증이 있는 사람조차도 열기구 비행에서는 아무 문제가 없었다고 한다.

모험을 즐기는 사람이 되어 보라. 발끝까지 당신을 짜릿하게 할 무언가를 지금 당장 시도해 보라.

열기구 조종사의 기도

바람이 그대를 부드럽게 반겨 주었네.

태양도 그대를 따스한 손길로 축복해 주었네.

그대가 그리 높이, 그리도 잘 날았기에

신이 그대를 더 큰 웃음으로 맞이하여

사랑스러운 대지의 품 안으로

살포시 그대를 다시 내려놓네.

42

단축 마라톤에
도전하라

어느 날 나는 아침마다 함께 조깅 해 보지 않겠냐는 이웃의 제안을 받아들였다.

"내일 아침 6시 15분에 당신 집 앞에서 봅시다."

이렇게 해서 피로와 땀 그리고 고통스러운 기쁨으로 점철된 수개월이 시작되었다. 내 이웃은 나보다 더 달리기에 경험이 많았기 때문에 내가 달리기와 걷기를 교대로 해가며 천천히 시작하도록 도와주었고, 어느덧 2km가 5km로 늘어나기에 이르렀다.

나는 아침 일찍 일어나는 것이 싫었고 그 고통과 괴로움이 지긋지긋했지만, 조깅하는 순간만은 무척이나 좋았다. 조깅은 알 수 없는 모순 덩어리이다.

만일 조깅이 당신에게 맞지 않는다면 먼저 걷기를 시도해 보라. 걷기는 조깅과 비슷한 에어로빅 효과를 지니고 있으며 관절에도 별 무리가 가지 않는다. 어떤 경우든 당신은 5km 단축 마라톤에 도전해 보는 것을 목표로 세워라. 이런 목표는 당신을 극한까지 몰아가겠지만, 이런 미치광이 같은 짓에는 그만한 값어치가 있다.

- 달리거나 걷는 훈련을 함에 따라 당신의 건강은 전반적으로 향상된다.
- 달리기와 걷기는 체중은 줄여 주고 폐활량은 늘려 준다.
- 정신적으로 왕성한 활력을 느낄 것이다. 조깅하는 사람들은 대부분 달리는 도중에 최고의 아이디어가 떠오른다고 말한다.

5km를 달리는 훈련은 사람에 따라 적합하지 않을 수 도 있다. 의심이 나면 의사와 상담해 보라.
하지만 아무런 신체장애가 없다면 5km 레이스를 완주 하고 났을 때 마치 왕이 된 듯한 기분을 느낄 것이다.

43

혼자만의 조용한
시간을 갖기 위해 아침에
일찍 일어나 보라

내겐 당신의 대답이 들린다.

"일찍 일어나라고요? 혼자만의 조용한 시간이라고요? 농담이시겠죠."

더 말하기 전에 잠깐만 생각해 보라.

해마다 미국예방의학 연구소에서는 〈건강에 좋은 10가지 결심〉을 발표한다. 그중 스트레스 관리가 항상 이 목록에 올라와 있다. 사람들이 의사를 찾아가는 이유의 3분의 2가 스트레스 때문이며, 스트레스는 치명적인 질병인 심장병과 암을 일으키는 주요 원인이기도 하다. 62%의 미국인들이 적어도 일주일에 한 번 이상은 엄청난 스트레스에 시달린다고 말한다.

연구소는 스트레스를 낮추기 위해 매일 최소 20분간 긴장을 푸는 운동을 하라고 권고한다.

또 의사, 종교 지도자들은 날마다 시간을 내어 명상과 기도 등 개인만의 조용한 시간을 가지라고 제안한다. 이것은 스트레스를 줄이는 데 도움이 될 뿐만 아니라 당신 인생에서 가장 의미 있는 측면에 초점을 맞출 수 있게 한다.

최소한 일주일 정도만이라도 시간을 내서 개인만의 조용한 시간을 갖기 위해 20분가량 일찍 일어나라. 당신 옆에 한두 가지 메모를 할 수 있는 메모지를 놓고 그냥 조용히 앉아 반성하라.

매일 아침 20분간 이런 식으로 보내게 되면 당신은 20년의 인생을 더 얻게 되는 것이다.

44

건강 검진을 받아라

"왜 이리 몸이 찌뿌드드하지. 어딘가 아픈 걸까?" 이런 생각이 들어도 대부분의 사람은 특별히 병원을 찾아가 종합 검진 한 번 받아 볼 생각을 하지 않는다. 하지만 당신이 30대가 넘었다면 정기적으로 종합 검진을 받아야 한다. 요즘은 과도한 스트레스와 환경오염 탓으로 20대에도 성인병으로 고생하는 사람이 많다.

"자신에게 투자하라"라는 말이 유행하는 지금, 사람들은 그 말을 단지 자신의 성공을 위해 공부를 하거나 자신을 위해 무언가를 사는 것, 혹은 정신적으로 충만해지라는 말로만 받아들이는 경우가 많다.

하지만 가장 먼저 투자해야 하는 대상은 당신의 몸이다. 건

강한 육체에 건전한 정신이 깃든다는 것은 단지 올림픽의 표어만이 아니다. 바로 우리 생활의 표어가 되어야 한다.

이번 해에는 건강 검진을 받아 볼 계획을 세워라. 시간을 내어 병원에 가 종합적인 검진을 받아 보아라. 아무 데도 아픈 곳이 없다는 결과가 나오면 돈이 아까울 것 같은가? 하지만 정상이라는 판정을 받으면 그동안 아팠던 곳이 싹 다 나은 듯한 기분이 든다.

혹시 정말 어딘가 아픈 곳이 있다는 진단이 나온다면 초기에 병을 고칠 수 있는 기회를 가질 수 있다.

45

사랑하는 이와
바닷가 모래사장을
맨발로 걸어라

호숫가나 시냇가를 맨발로 걷는
것은 참으로 평화로운 경험이 아닐 수 없다. 발가락 사이로
파고들어 오는 모래의 촉감, 발과 다리를 휘감는 시원한 물,
잔물결, 호숫가에 부딪히는 작은 파도 등에는 심신을 나른하
게 하고 모든 근육을 이완시키는 무언가가 있다. 물고기가 뛰
어오르는 얕은 물가에서 마치 보석처럼 반짝이는 조약돌을
볼 때면 평온함에 사로잡힌다.

호수나 강가도 좋지만, 드넓은 바닷가를 맨발로 걸어보는
것도 좋다. 인적이 드문 바닷가 모래사장을 걷다 보면 가슴과
머리가 시원해지면서 진정한 호연지기(浩然之氣)를 배우게 될
것이다. 그리고 해변을 따라 걸을 때 수평선 너머로 저물어

가는 태양의 눈부신 장관을 보는 것은 그 어떤 것과도 비교할 수 없다.

무엇보다도 바닷가에서의 이 모든 경험은 사랑하는 이와 함께 나눌 때 훨씬 더 아름답고 의미가 있다.

온갖 자연적인 요소가 풍부한 그곳을 서로의 손을 잡고 함께 걸을 때, 애정이 더욱 깊어질 것은 두말할 필요도 없다.

하루 날을 잡아 사랑하는 이와 가까운 호숫가나 바닷가를 거닐어라. 그것은 당신과 사랑하는 이 모두에게 기분 들뜨는 경험이 될 것이다.

46

날마다 하나씩
진심 어린 칭찬을 하라

당신의 진심 어린 칭찬 한마디만큼 다른 사람의 기운을 북돋아 주는 것은 없다. 당신 역시 이런 말들을 들어 보았을 것이다.

"이제껏 내가 곤경에 처했을 때 그토록 기꺼이 나를 도와주려 한 이웃은 없었어요."

"당신의 긍정적인 태도가 나한테도 전염됐어요."

"새로 한 머리 모양이 너무 멋있군요."

"안경 새로 하셨어요? 당신에게 정말 잘 어울리는데요."

구체적이고 진심 어린 칭찬에 당신이 어떻게 반응했는지 또한 그 칭찬이 당신에게 장기간에 걸쳐 어떤 영향을 주었는지 떠올려 보라.

그리고 '구체적이고 진심 어린 칭찬'이란 이 말을 잘 기억해 두었다가, 다른 사람을 칭찬할 때 지침으로 이용하라.

- **구체적인** 정확하고 특별하며 분명한, 명확하고 상세한 것
- **진심 어린** 정직하고 참되며 진심의, 위선이 없는 것
- **칭찬** 찬사와 존경, 승인 및 진가를 인정하는 표현

구체적이고 진심 어린 칭찬은, 칭찬하되 위선으로 가득 차 있는 아첨과는 대조되는 것이다.

날마다 적어도 한 가지씩 진심에서 우러나는 구체적인
칭찬을 하겠다고 결심하라.

47

삶의 질을 높여 줄
새로운 취미를 만들어라

질문 : 당신은 "지겨워 죽겠어."라는 말을 누구에게서 듣습니까?

대답 : 아이들, 십 대, 가정주부들, 독신자들, 사업가들, 반복 작
업을 하는 공장의 직공들, 사무직원들, 노동자들, 퇴직자
들 등등. 거의 모든 사람이 이런 말들을 합니다.

범죄, 생산성 하락, 이혼 심지어 자살의 원인을 캐보면 대
부분 이런 지겨움에서 기인하는 경우가 많다.

권태는 당신 삶을 좀먹는 곰팡이와도 같다. 마음에 장마가
든다는 생각이 들면 더 열심히 몸과 정신에 낀 곰팡이들을 닦
아내야 한다.

'권태 연구소'의 앨런 카루바는 권태가 당신 삶에 끼어들지

못하도록 하는 세 가지 확실한 방법을 제안하고 있다.

- **독서** 인간의 정신은 항상 새로운 지식과 정보 그리고 통찰력을 얻기 위한 자극을 요구한다.
- **취미** 누구나 자신의 열정을 쏟아부을 수 있는 어떤 활동, 즉 취미가 필요하다.
- **적극성** 여기저기 참여하는 사람이 되어라. 어떤 단체나 여러 그룹에 적극적으로 가입해 보고 당신이 속해 있는 조직에서도 활동적으로 일을 하라.

독서를 하거나 여러 모임에 참가하는 것도 무척 중요하지만, 그중에서도 자신만의 취미를 갖는 것이 가장 중요하다. 당신이 온 마음을 다해 몰두할 수 있는 여가 활동에는 어떤 것이 있는가? 새로운 취미를 찾겠다는 결심은 당신의 삶을 한층 풍요롭게 해 줄 것이다.

48

좋은 목적을 위한
기금 모집에 자원하라

"또 돈을 달라는 겁니까? 나도 숨 좀 쉽시다. 그 시간에 좀 더 나은 일을 할 수는 없소?"

이것은 기부나 자선을 요청받을 때 많은 사람이 보이는 전형적인 반응이다. 하지만 만일 이 세상에 기부를 요청하는 사람이 한 명도 없다면, 전화하고 방문하고 우편물로 기부 요청서를 보내는 기관들이 전혀 없다면 어떻게 되겠는가? 만약 기형아, 암, 당뇨, 다발성多發性 경화증, 근위축증筋萎縮症을 위한 기금 모집이 불법이라면 어떻게 되겠는가?

어쩌면 우리는 이렇게 생각할지도 모르겠다.

"잘 됐군, 그런 기관들은 짜증만 나게 하는 존재들일 뿐이니 말이야."

하지만 여기서 우리가 진정 생각해야 하는 건 그 기관들이 아니다. 우리는 뜻 있는 몇몇 개인이 연구 기금 모집의 필요성을 인식한 덕택에 증상이 호전되고 목숨을 건진 수십만의 생명에 대해 이야기하고 있는 것이다.

나 또한 끊임없이 나타나 10센트나 1달러씩 기부해 달라는 요청에 불평을 늘어놓던 사람 중의 한 명이었다는 사실을 고백해야겠다. 내가 당뇨병에 걸렸다는 사실을 알기 전까지는 말이다. 현재 나 자신이 치유할 수 없는 질병을 앓고 있다는 사실을 깨닫자 이런 활동에 지대한 관심을 두고 참가하게 되었다.

당신은 가입 서약을 받아내거나, 가정이나 기업체를 방문하며 기부를 요청할 수도 있고, 길거리에서 활동하거나, 혹은 자원봉사자들을 관리하는 책임자로 일할 수도 있다.

당신의 인생 중 올 한 해를 선행이 가득 찬 해로 만들어라. 좋은 뜻이 있는 곳에 도움의 손길을 뻗어라.

49

그대가 받은
온갖 축복의
목록을 적어 보라

1954년도 고전 영화《화이트 크리스마스》에서 빙 크로스비는 걱정과 불면증을 치유할 믿을 만한 치료제로서 양의 숫자를 세는 대신 당신이 받은 축복을 세어 보라고 제안한다.

불면증을 물리치는 수단으로 축복을 세어 보는 것이 진정 효과가 있는지 없는지 상관없이 당신은 그것을 규칙적인 습관으로 삼아야 한다.

우리는 여러 면에서 축복받아 온 것들을 쉽사리 잊어버린다. 자리에 앉아서 당신이 받은 끝도 없이 많은 축복의 목록을 적어 보아라. 금세 수십, 아니 수백 가지의 축복이 적히게 될 것이다.

좋은 배우자와 자녀, 멋진 친구들, 당신이 사랑하는 일, 건강, 궂은 날씨에도 따뜻하고 뽀송뽀송하게 있을 수 있는 집, 언론의 자유, 종교의 자유 등등 말이다.

인생의 길을 따라가다 보면 예기치 못한 사고도 일어나지만, 우리에게는 하늘로부터 받은 헤아릴 수 없이 많은 축복이 있기에 오늘도 사랑하는 이들과 행복한 삶을 영위하고 있는 것이다.

삶의 큰 파도에 부딪혀

그대가 폭풍우에 시달릴 때,

모든 것을 잃었다 생각하고

그대가 낙담해 있을 때,

그대가 받은 많은 은총을 되새겨 보고

그것들을 하나씩 떠올려 보라.

그러면 신이 그대에게 주신 모든 것에

경탄하게 되리라.

_ J. 오트만 주니어
〈그대가 받은 많은 은총을 세어 보라〉

50

황금률을 당신의
인생철학으로 삼아라

황금률은 "자신이 남에게 대접받고 싶은 대로 남을 대접하라"는 유명한 격언이다.

황금률을 신봉하는 한 친구는 아무리 골치 아픈 상황에서도 사람들에게 친절하고, 되도록 그들을 이해하기 위해 노력한다. 혹자는 그녀가 성격이 너무 약해서 그러는 거로 생각할지도 모르겠다. 하지만 그녀는 매우 강인한 성격의 소유자이다. 단지 황금률을 실천하고 있는 것뿐이다. 그녀는 자신이 대접받고자 하는 대로 다른 이들을 대접하기에 매우 존경을 받는다.

우리들 대부분은 황금률이 좋은 원칙이라고 말하면서도, 종종 이중 기준을 설정해 놓고 사람에 따라 차별을 두어 실행하곤 한다. 그러나 황금률은 모든 이에게 똑같이 적용되어야 한다!

다른 사람이 당신에게 친절하길 바란다면, 당신도 그들을 친절하게 대해야 한다. 감정을 이해해 주길 바란다면, 그들의 감정을 이해하려고 노력해야 한다.

다른 사람에게 칭찬받길 바라는가? 그럼 당신도 그들을 칭찬해야 한다. 다른 사람이 당신을 격려해 주길 바라는가? 그렇다면 당신도 기꺼이 그렇게 해야 한다.

단지 황금률을 외웠다고 해서 그것이 바로 실천되는 것은 아니다. 이 금언을 바꿔 말해 보자.

"내가 대접받고 싶은 대로 당신을 대접하겠소. 당신도 당신이 대접받고 싶은 대로 나를 대접해 주시오."

이 금언을 실천하려면 굉장한 노력을 기울여야 한다. 처음 얼마간은 사람들이 당신의 행동을 오해할 수도 있다. 하지만 당신 내부에서 사랑의 힘이 점점 자라나는 것을 느끼게 되고, 얼마 안 가 다른 사람들도 당신에게 똑같이 대하는 걸 보게 될 것이다.

황금률을 당신의 인생철학으로 삼겠다고 오늘 당장 결심하라!

51

한 가지 멋진
마술을 배워라

마술에는 남녀노소 가릴 것 없이 호기심을 자아내고 사람들을 홀리게 하는 무언가가 있다. 파티나 직장에서 청중들을 끌어모을 방법을 찾고 있다면, 완벽하게 보여줄 수 있는 재미있는 마술을 하나 배워라. 사람들은 구경하기 위해 당신 주위에 떼 지어 몰려들 것이다.

마술은 누구나 쉽게 배울 수 있다. 게다가 사업하는 사람들은 제품 판매나 전시에서, 그리고 선생님들은 어떤 개념을 가르칠 때(혹은 조는 학생들을 깨우기 위해) 마술을 이용하는 등, 자신의 직업에서 이용할 수 있다는 좋은 점도 있다.

또한 당신의 자녀들과 묘기를 함께 즐기는 것은 세대 간에 존재할 수 있는 장벽을 허물어뜨리는 멋진 방법이다. 당신의 아이들은 이렇게 말할 것이다.

"우아, 그거 어떻게 한 거예요? 다시 한번 해 주세요!"

최소한 한 가지 새로운 묘기를 배우겠다고 결심하라. 그것은 당신의 자신감과 시야를 넓혀 줄 뿐만 아니라, 당신의 일을 돕고 가족관계를 한층 다져 줄 것이다.

52

이메일을 활용해 사랑하는
사람들에게 마음을 전하라

"해냈어! 나 지금 온라인으로 이
메일 보낸다."

이 흥분에 들뜬 메시지는 손자까지 둔 할머니임에도 불구
하고 과감히 컴퓨터 정복에 도전한 내 친구로부터 온 것이다.
사용은 고사하고, 단지 컴퓨터 앞에 앉을 용기를 얻는 데만도
일 년 이상이 걸렸다고 그녀는 내게 말했다. 그러던 그녀가
전원을 켜고 컴퓨터와의 교전을 벌인 끝에 마침내 혼자 힘으
로 인터넷을 사용하게 된 것이었다!

컴퓨터를 통한 온라인 통신을 처음으로 배우는 수많은 사
람이 이 할머니와 비슷한 모습을 보일 것이다. 엄격한 논리로
무장한 이 작은 기계는 사람들에게 두려움을 불러일으킨다.
그것은 미지의 것에 대한 두려움일 수도 있고, 혹은 기계에

손상을 입힐까 봐 두려운 것일 수도 있다.

이메일은 가족, 친구, 혹은 고객들이 전 세계 어디에 있든 서로 연락할 수 있게 해 주는 아주 빠르면서도 새롭고 놀라운 방법이다. 보통 나는 하루 50통의 이메일을 받는데 그중에는 영국, 태국, 멕시코, 하와이에서 온 것들도 있다.

집에 컴퓨터가 있으면서도 아직 이메일 보내는 법을 배우지 못했다면 지금 당장 이메일 사용법을 배워라. 그리고 사랑하는 사람들에게 이메일을 보내라.

이 기술은 생활에 새로운 장을 열어주었다. 당신이 친구, 가족들과 아무리 멀리 떨어져 있더라도 즉시 연락할 수 있게 된 것이다. 분명, 당신이 이메일 사용법을 배우는 순간 온 마음을 빼앗기고 말 것이다.

서점에 나가보면 인터넷 관련 서적이 많이 있다. 책을 고를 때는 무조건 유명인이 쓴 것을 고르기보다 몇 장 읽어봤을 때 글이 쉽게 다가오는 것으로 선택하라.

53

《아낌없이 주는 나무》를
한 권 사라

나는 목이 메어 쉘 실버스타인
의 《아낌없이 주는 나무》를 제대로 읽기 어려웠다. 이 책은 비
록 아동용으로 쓰였지만 누구에게나 감동을 주는 가장 훌륭
한 이야기 중 하나이다.

어린이나 어른 모두에게, '사랑하는 것은 곧 주는 것'이라
는 사실을 분명히 가르쳐 주고 있으며, 이기심 없는 완전한
애정을 보여준다.

이 이야기는 항상 받기만 하는 어린 소년과 끊임없이 주는
사과나무의 변해 가는 모습을 그리고 있다. 어린 소년은 사
과나무를 사랑한다. 그는 줄곧 나무 위에서, 그리고 주위에서
뛰어논다. 하지만 나이가 들어갈수록 소년은 더 이상 나무 곁

에 자주 오지 않는다. 어쩌다 찾아올 때면 그는 항상 뭔가가 필요한 듯 보인다.

너무나 소년을 사랑한 욕심 없는 나무는 열매, 가지, 줄기 등 자기가 가진 모든 것을 소년에게 준다.

나무는 자신의 온몸을 소년에게 내준 것이다.

이 이야기는 사랑하는 사람은 항상 주기만 한다는 메시지를 우리에게 분명히 가르쳐 준다.

당신이나 자녀 혹은 손자들이 《아낌없이 주는 나무》를 아직 읽지 않았다면, 지금 당장 서둘러 서점에 가서 인생을 바꿀 그 책을 사 오라고 제안하겠다.

그것은 한 개인에게 감동뿐 아니라 평생 지속될 베풂의 가치를 구체적으로 알려준다.

54

이번 해에는 나쁜 습관을
하나 고쳐라

좋은 것이든 나쁜 것이든 습관은 당신의 현재 모습에 커다란 영향을 미친다. 나쁜 버릇이라고 하면 여러 가지가 있겠지만 보통 음주, 흡연, 손톱 물어뜯기 같은 것들이 떠오른다.

하지만 과식, 늦장 부리는 버릇, 남을 배려하지 않는 운전 습관, 게으름 등도 마찬가지로 나쁜 버릇이다. 고치고 싶은 나쁜 습관이 있는가?

습관을 고치려면 철저한 계획이 필요하다.

여기 최우선으로 고려해 봐야 할 몇 가지 사항들이 있다.

· 어떤 습관을 가장 바꾸고 싶은가?

· 이 습관 때문에 생기는 문제는 무엇인가?

· 이 습관을 고치게 됨으로써 얻게 되는 이득은 무엇인가?

· 당신의 결심을 흔들어 놓을 수도 있는 어려운 상황으로는 무엇이 있는가?

· 당신의 목표를 이루기까지는 얼마간의 시간이 걸리겠는가?

이 목록들을 하나하나 따져본 다음 당신의 나쁜 습관을 정복하겠다고 결심하라.

참고로, 연구 결과에 따르면 습관이 새로 붙거나 고쳐지는 데는 대략 21일 정도의 시간이 걸린다고 한다.

먼저 구체적인 나쁜 습관 하나를 고치겠다고 사람들에게 널리 알려라. 그리고 힘차게 도전하라!

55

장기 기증 서약서를 써라

최근 나는 내가 죽을 경우 의학 연구 및 장기 이식을 위해 내 육체를 기증하겠다는 결정을 내렸다.

현재 내 동료 중에는 정기적으로 신장투석 치료를 받고 있는 사람이 있다. 그의 이야기를 들었을 때, 장기 기증이야말로 진정한 인간애의 표현이라는 생각이 들었다. 곧바로 나는 인터넷으로 기증자 카드를 발급받고는 운전 면허증에 내 소망이 기입되게 했다. 현재는 마지막 단계로 가족의 동의를 받는 일만이 남아 있다. 그렇게 본다면 내 가족들이 최종 결정권을 쥔 셈이다.

장기 기증 및 이식은 인간의 생명을 구하는 일이다. 날마다 미국 전역에 걸쳐 대략 50명의 사람이 장기 이식 수술을 받고 있지만, 모든 필요를 충족시킬 정도로 장기가 충분하지는 못하기 때문에 많은 사람이 죽어 간다. 기증자가 많아질수록 그만큼 더 많은 생명을 구할 수 있는 것이다.

· 당신의 심장은 다른 누군가를 위해 뛸 수 있다.
· 당신의 허파는 다른 누군가를 위해 숨 쉴 수 있다.
· 당신의 신장은 두 사람을 신장투석에서 해방시켜 준다.
· 당신의 간은 이식을 기다리는 한 생명을 구할 수 있다.
· 당신의 각막은 두 사람에게 새로운 광명을 줄 수 있다.

장기 기증자가 되겠다고 결심하라! 이것은 어렵지만 타인의 생명을 구하는 결정이다.

www.donor.or.kr '사랑의장기기증운동본부'와 www.lisa.or.kr '생명나눔실천회'에서는 장기 기증 방법에 대한 상세한 안내와 장기 기증 등록서 등을 제공하고 있다.

56

고마운 분들에게
감사 카드를 보내라

많은 사람이 감사 카드를 쓰거나 보내는 일을 시간 낭비라고 여긴다.

"내가 왜 번거롭게 카드까지 보내야 하지? 그들이 해 준 일에 내가 고마워하고 있다는 걸 그들도 다 아는데 말이야."

이들의 변명은 너무 터무니없기에 웃기지도 않는다. 감사 카드를 보내는 시간을 아까워하는 바로 이 사람들이 감사 카드를 받으면 가장 즐거워할 사람들이기 때문이다.

지난날 당신에게 큰 의미가 있었거나 현재 커다란 의미를 주고 있는 사람들의 명단을 작성해 보는 게 어떻겠는가?

결혼식에 참석해 자리를 빛내 주었던 고마운 분들, 생일이나 이런저런 잔치에 와 주셨던 분들, 또 사소하지만 당신을 위해 각별히 애써 준 사람들 말이다. 올해에는 이런 분들에게 카드를 보내어 "감사합니다."라고 말함으로써 그들을 깜짝 놀라게 해 보자.

생각해 보라! 아주 단순하지만 단지 감사하다는 말이 적힌 진심 어린 카드가 받는 이의 가슴을 얼마나 훈훈하게 만들어 줄 수 있는지를.

시간이 한참 지난 후, 사람들은 무엇 때문에 카드를 받았는지는 잊어도 자신이 감사 카드를 받았다는 사실만은 항상 기억한다. 그 카드를 보낸 당신과 함께……

57

당신의 공포를 극복하라

전문가의 말에 따르면, 인간은 200여 가지가 넘는 다양한 공포에 시달리고 있다고 한다.

결벽증, 집을 떠나는 것에 대한 두려움, 혼자 있는 것, 군중 속에 있는 것, 엘리베이터 타는 것, 지하철 타는 것, 물에 대한 공포 등등 수많은 것들이 있다. 비행공포증이나 고소공포증 혹은 많은 사람 앞에서 연설하는 데 공포를 느끼는 사람들에 대한 이야기를 당신도 숱하게 들어봤을 것이다.

커다란 도베르만 종 개가 접근해 올 때 두려움이 마음 깊은 곳에서부터 "조심해!"라고 소리치며 경고해 주는 것처럼, 어떤 점에서 보면 공포는 당신을 위험으로부터 지켜 주는 든든한 형 노릇을 하기도 한다. 하지만 이 믿음직한 형은 때때로 기회를 놓치게 함으로써 당신의 앞길을 가로막을 수도 있다.

다음의 몇 가지 비법은 당신이 두려움을 극복할 수 있게 도와준다.

· 확실히 알게 되면 공포는 사라진다. 공포는 주로 불확실성에서 기인한다. 무엇이 두려운지, 왜 두려운지, 어떻게 하면 그 두려움이 없어질지 철저히 분석해 보라.

· 훈련을 통해 자신감을 길러라. 당신을 두렵게 하는 것들을 다루는 방법을 습득하라.

· 드러내 놓고 말하는 것이 도움이 된다. 당신의 두려움을 억누르지 마라.

· 전문가의 도움을 받는 것이 좋다. 의사나 심리학자와 상담한 후 필요한 도움을 받아라.

**당신의 가장 큰 두려움이 무엇이든 간에 올해는 그것을
극복하는 데 온 힘을 기울여라.
이것은 당신에게 새로운 자신감을 불어넣어 줄 것이다.**

58

동료들을 위해
피자를 주문하라

대부분의 사람은 감사받는 데 굶주려 있으며, 대개 이런 굶주림은 채워지지 못하고 있는 듯하다. 올해를 당신 주변의 사람들에게, 특히 당신과 함께 일하는 동료들에게 감사하는 해로 삼아라.

하루 날을 잡아서, 모두에게 피자를 한턱내겠다고 말하라. 어떤 특별한 이유를 갖다 붙일 수 있다면 금상첨화겠지만, 어쨌든 동료들에게 당신이 그들의 든든한 후원에 얼마나 감사하고 있는지 반드시 알게 해라.

꼭 직장에서 상사여야만 이런 '감사의 날'을 시도해 볼 수 있는 건 아니다. 비록 당신이 말단 직원이더라도 상관없다. 그런 건 중요치 않다. 당신이 이런 행동을 하는 목적은 개인적으로 동료들을 존경하고 있다는 사실을 보여주려는 데 있기 때문이다. 당신은 단지 피자 몇 조각으로 마음을 열어 보일 수 있다!

이런 자그마한 '감사 파티'를 여는 데 최소 몇만 원 이상이 소요되겠지만, 그것은 당신의 가계부에 가장 의미 있게 제대로 소비한 돈으로 기록될 것이다. 그리고 언젠가는 그 지출이 몇 곱절로 되돌아온다.

59

해묵은 원한을
풀어 버려라

영국과 프랑스 사이의 원한은 굉장히 유명하다. 물론 실제로 백년간 전쟁을 한 것은 아니라지만, 백년 전쟁(1337~1453)까지 치른 데다 그 이후로도 이런저런 분쟁이 끊이지 않아 꽤 긴 세월 동안 두 나라는 서로를 미워했다. 그러나 이런 역사적인 분쟁들이 끝난 지 몇백 년이 흐른 지금에 와서도 서로 간의 감정은 그다지 좋지 않은 듯하다.

이 두 나라는 몇 년 전 해저 터널로 연결되어 이제 배를 타지 않고도 기차로 서너 시간이면 서로 오갈 수 있게 되었다. 하지만 이 기차, 유로 스타가 출발하는 영국 쪽 역 이름을 알고 있는가? 바로 유럽을 제패했던 나폴레옹이 패전하고 그의 몰락이 운명 지어진 곳, 워털루 역이다.

이렇게 원한은 대다수의 사람이 생각하는 것보다 깊고 오래 남는다. 마치 뿌리가 숨겨진 채 보이지 않는 민들레처럼.

당신은 그 꽃과 잎사귀를 잘라내고 뿌리까지 파내 보려 하지만 민들레 뿌리는 상상외로 깊이 박혀 있어 뿌리째 뽑기가 매우 힘들다. 다 파냈다고 생각하지만 조만간 민들레는 다시 꽃을 피운다.

그러나 원한을 민들레처럼 마음에 품은 채로는 인생을 진정으로 누릴 수도, 행복해질 수도 없다.

당신의 감정을 해친 누군가가 있다면 올해는 용기를 내어 먼저 손을 내밀어 보라. 그 상대방과 서로 터놓고 대화를 해야 한다. 두 사람이 서로의 입장을 이해하고 그 상황을 좀 더 객관적인 위치에서 보게 되어 해결을 내기로 결심했을 때, 당신의 인생은 새로운 국면을 맞이하는 것이다.

60

매달, 배우자에게
"사랑해요"라고 쓴
카드를 보내라

올 한 해 동안에는 매달 당신의 배우자에게 "사랑해요."라고 쓴 카드를 보내라.

단순히 카드를 건네주는 것만을 목적으로 해서는 안 된다. 반드시 그 행위가 두 사람 모두에게 잊히지 않을 즐거운 이벤트가 되게 하라.

매번 카드를 줄 때마다 아이디어를 짜내는 것도 각별하고 특별한 행사가 되게 하는 좋은 방법일 것이다.

다음의 몇 가지 아이디어를 참고하라.

· 직접 건네지 말고 카드가 직장이나 집으로 배달되게 하라.

· 배우자를 멋진 레스토랑으로 데리고 간 다음 그곳에서 카드

를 건네라.

· 풍선 다발에 카드를 달아 그 풍선을 배달시켜라.

· 뮤지컬이나 연극처럼 특별한 행사 티켓 두 장을 담아 아침
  식사 때 카드와 함께 건네주어라.

· 새 잠옷 같은 선물과 함께 배우자의 베개 밑에 카드를 놓아
  두어라.

· 배우자가 좋아하는 향수를 카드에 뿌린 다음 눈에 잘 띄는
  곳에 놓아두어라.

물론 카드를 줄 때 진정한 사랑을 되새기는 걸 잊지 마라.

61

최고급 레스토랑에서
식사하라

세련되고 품위 있는 레스토랑에서 잘 교육된 웨이터의 시중을 받으며 은은한 음악이 흐르는 가운데 식사해 본 적이 있는가? 혀끝에서 부드럽게 녹아드는 훌륭한 음식, 우아한 분위기, 게다가 잘 차려입은 주위 사람들을 둘러보는 것까지 그 모든 것은 그 후 여러 주일 동안 내 이야깃거리의 일부분이 되곤 한다.

아내와 나는 보통 일주일에 한 번씩 외식을 한다. 대개 비용에 신경을 써야 하기 때문에 중급의 식당을 자주 가는 편이다. 이런 음식점들은 음식 맛도 좋고 전체 비용도 그다지 많이 들지 않는다.

그렇지만 최고급 레스토랑에서 식사하는 것은 내가 삶을

즐기는 몇몇 방법 중 하나이기에 가끔 값비싼 식사를 즐기기 위해 여러 방법을 고안해 내곤 한다.

당신에게도 분명 도움이 될 몇 가지 방법을 소개하겠다.

· 때때로 아내와 나는 한두 번 외식을 거르고 패스트푸드로 만족한다. 이렇게 하면 멋진 레스토랑에서 식사하기 위한 상당액을 저축할 수 있다.

· 비싼 레스토랑의 경우 가끔 할인 행사나 할인 쿠폰을 주기도 한다. "구하라, 그러면 얻을 것이다"라는 말이 여기서도 통한다.

프로이드의 학설에 따르면 식욕은 가장 저급한 인간의 욕망이라고 하지만 분명 그것 또한 우리의 욕망 중 하나임에 틀림없다. 값비싼 레스토랑에서 우리는 식욕뿐 아니라 우아함과 인간다움, 그리고 자존심 같은 고급 욕망까지 충족시킬 수 있다. 물론 그 대가는 좀 비싸지만 충분히 그럴 만한 가치가 있다.

우아한 장소에서 맛있는 음식을 마음껏 즐기면서 당신의 삶을 축복하라.

62

생명보험에 가입하라

　　　　　　　　'당신이 가장 하고 싶은 것'의 목
록을 적어 보라고 한다면, 확신하건대 거기에 절대 생명보험
가입은 들어 있지 않을 것이다. 생명보험에 대해 생각해 보는
일은 대부분의 사람이 피했으면 하고 바라는 것일 테니 말
이다.

　그것은 죽음이 우리 앞에 닥칠 때 우리가 얼마나 무방비 상
태인지 일깨워 주는데, 아무도 언젠간 생명이 끝나리란 생각
을 하고 싶지 않기 때문이다. 하지만 생명보험에 들어 두는
것이야말로 당신의 가족을 돌보는 데 있어 무척 중요하다.

　기억하라! 생명보험은 당신을 위한 것이 아니라, 당신이 사
랑하는 사람들을 위한 것이라는 사실을.

죽음이 절대 오지 않고, 당신이 사랑하는 사람들도 미래에 돈이 필요할 일이 전혀 없기를 바랄 수는 없다. 만일 자녀가 있고 갚아야 할 큰 빚이 있는데 봉급에만 의존하고 있다면, 당신은 절대적으로 어떤 생명보험이든 가입할 필요가 있다.

보통의 경우 대충 피보험자 연봉의 5배 내지 10배 정도의 보험금이 나온다. 그 액수는 물론 당신의 경제 상태, 나이, 가족 수 그리고 기타 유동 자산에 따라 달라진다.

생명보험 가입 문제를 검토할 때는 저당 융자금과 신용카드, 차량 할부금, 대학 학비, 통상 생활비 그리고 장례비 등의 사후 최종 비용까지 고려해 봐야 한다. 여러 회사에서 다양한 상품들이 나와 있으므로 자신의 상황에 맞춰 꼼꼼한 조사가 필요하다.

63

관심 있던 분야의
강좌에 등록하라

당신은 요리사가 되고 싶었던 적이 있는가? 아직도 컴퓨터만 보면 두려운가? 주식, 채권, 뮤추얼 펀드의 차이를 아는가? 전기, 자동차 역학, 실내 장식, 제빵 기술 등을 배우고 싶었던 적은 있는가? 개인 사업을 해 보겠다고 생각해 본 적은? 자신만의 집을 짓는 건 또 어떤가?

각 지역 자치 단체에서 주관하는 문화 센터를 이용하면 이외에도 수많은 기술과 기능을 손쉽게 배울 수 있으며 비용 또한 저렴하다. 이런 교육 과정들은 새로운 친구를 사귈 수 있는 기회도 제공한다. 다른 사람들과 친분을 쌓고 인맥을 넓히도록 해 주므로, 당신의 현 직업에도 유익한 일이 될 것이다. 또한 기분을 상승시켜 보다 행복하게 살 수 있는 기회를 준다.

올해에는 무언가를 배워 당신의 지식을 넓히는 해로 만들어라.

최근의 당신이 여가 시간에 죽치고 앉아 TV나 보는 사람이었다면, 이 한 해를 변화의 기회로 삼아 새롭고 흥미진진한 무언가를 배우겠다고 결심하라.

다음 강좌가 언제 시작되는지 당신이 사는 지역의 문화 센터에 문의하라. 발송물 명단에 당신의 이름을 올리고, 현재의 프로그램 카탈로그를 보내 달라고 부탁하라.

삶을 변화시킬 수 있는 기회가 주어진 이때, 당신의 현재 상태에 만족하지 마라.

64

유언장을 써라

당신이 유언장 없이 죽을 경우, 당신의 재산은 어떻게 될까?

1   누가 받을 것인지 법으로 결정한다.

2   누가 당신의 재산을 받을 것인지 정하기 위해, 당신 친
구와 친척들이 결정해야 하거나, 최악의 경우 그들끼리
싸워야 할지도 모른다.

3   정부가 당신의 재산을 가져간다.

위 질문의 정답은 1번으로, 당신의 재산은 법에 따라 처분
된다. 법적으로 유용한 공식 유언이 없을 경우에 말이다.

당신이 법적인 유언장을 소지하지 않고 있다면, 당신이 사
망할 경우 당신은 당신의 가족과 사랑하는 사람들을 위해 충

분히 대비해 놓지 못한 것이다.

그것은 비단 재산이 많은 사람에게만 해당되는 문제가 아니다.

비록 당신의 재산이 몸에 걸친 것뿐일지라도 당신의 특별한 사랑을 유언장에 남겨 남아 있는 사람들이 느낄 수 있게 하라.

65

카메라를 가지고
다녀라

나는 몇 해 전부터 가방 한구석
에 작은 카메라를 넣어 가지고 다닌다. 그 카메라는 그리 비
싸지도 않을뿐더러, 나 또한 무슨 대단한 사진 찍는 기술이
있는 것도 아니다. 그저 모처럼 가족들이 한자리에 모였을
때, 또는 오랜만에 만나는 친구들, 자주 찾는 거리, 가게에 진
열된 아름다운 골동품 등등 오래 기억하고 싶고, 간직하고 싶
은 순간순간마다 카메라를 꺼내 버튼을 누르는 것이다.

그렇게 찍은 사진을 모아놓은 앨범만도 벌써 몇십 권에 이
르며, 때때로 가족들이나 친구들에게 같이 찍은 재미있고 의
미 있는 순간의 사진들을 액자에 넣어 선물하곤 한다. 그들은
그 선물에 굉장히 기뻐하며 잊고 있던 시간을 떠올리곤 함께

즐거워한다.

당신이 남자이건 여자이건 아름다운 순간들을 오래 간직하는 가장 좋은 방법은 사진을 찍어 남기는 것이다.

올해에는 부담 없는 가격의 카메라를 하나 장만해라. 그리고 당신과 당신의 소중한 사람들에게 추억과 미소를 선물하라.

회사 일을 할 때에도 카메라는 좋은 도구가 된다. 자료 조사를 해야 할 때, 혹은 시장 조사 때 카메라를 가지고 다니면서 그때그때 셔터를 누르다 보면 좋은 아이디어를 떠올릴 수 있다.

66

당신이 사는 지역의
역사적인 장소를 방문하라

대부분의 사람은 휴가를 맞이
하면 무언가 일상에서 벗어난 것, 즉 특별한 일을 하든 아니
면 집에서 멀리 떨어진 곳으로 가야만 한다고 여기는 듯하다.
다시 말해, 버지니아 주에 살고 있다면 옐로스톤 파크에 가는
것이, 미시건 주에 살고 있다면 샌프란시스코로 가는 것이 우
리가 생각하는 휴가인 셈이다.

하지만 이런 휴가 계획은 빡빡한 예산 안에서 감당하기 힘
들 수도 있을 뿐만 아니라, 당신과 같은 생각을 가지고 몰려
든 다른 관광객들에게 치여 피곤해지기 십상이다. 게다가 일
정에 쫓겨 그곳에 가 봤다는 명목만 설 뿐 정작 제대로 구경
조차 못할 수도 있다. 결국 돈은 돈대로 들이고도 남은 것이

라고는 짜증과 피곤뿐이다.

거창한 휴가 계획을 잡기 전에 먼저 자신이 살고 있는 지역에 대해 얼마나 알고 있는지 생각해 보라.

마음만 먹으면 언제든지 갈 수 있다고 생각한 나머지 몇 년이 지나도록 가보지 못한 곳은 없는가? 근처에서 태어난 위인의 생가나 오래된 학교, 큰 시장은 어떤가? 이렇게 가까운 곳에 있는데도 미처 돌아보지 못했던 즐거움을 찾아가는 것이야말로 유익하고도 오래도록 기억에 남는 휴가가 될 것이다.

67

자녀들에게 사랑의
쪽지를 보내라

　　　　　　　교육 전문가들의 연구에 따르면, 청소년들이 가장 두려워하는 것은 누군가에게 거부당하는 것이라고 한다. 특히 그들은 친구와 부모로부터 거부당하는 것을 몹시 두려워한다. 부모에게 거부당하고 부정당한 청소년들은 비행을 저지를 확률이 높을 뿐만 아니라 폭력적인 어른으로 성장할 가능성이 높다는 것이 통계 수치로 밝혀진 바 있다.

　댈러스 시의 가정법률 판사인 리처드 존슨은 자신이 만난 청소년 폭력 조직원의 80% 가량이 편모나 편부 슬하에서 성장했다고 밝힌 바 있다. 즉, 청소년 문제의 가장 본질적인 원인은 부모로부터의 애정 결핍이라는 것이다.

아이들에게는 사랑이 필요할 뿐만 아니라, 계속해서 그 사랑을 재확인 시켜 주어야만 한다. 존슨 판사는 한 청소년 폭력 조직원과의 상담 과정에서 그가 그렇게 된 이유를 정확히 알 수 있었다고 한다. 그의 대답이 모든 걸 확실히 밝혀 준다.

"집에서는 아무도 내게 사랑한다고 말해 준 적이 없어요."

부모들이 자녀들에게 가르쳐 주어야 하는 제1 자산은 바로 사랑과 수용 그리고 긍정이다. 당신의 자녀들은 당신이 그들을 사랑한다는 사실을 반드시 알 필요가 있다. 당신의 자녀가 2살이 됐건 22살 혹은 52살이 됐건 간에 이것은 언제나 변함없는 진리이다.

바로 오늘 저녁, 아이의 눈을 들여다보면서 사랑한다고
말하라.

68

당신의 고향을
방문하라

최근에 나는 한 친구와 함께 우리가 자란 미시건 주에 대한 대화를 나눴다. 함께 한참을 즐겁게 회상하던 중에, 그 친구는 자신은 미주리 주에서 자랐지만 12살 때 가족과 함께 다른 곳으로 이사 갔다고 말했다. 계속 이야기를 나누면서, 나는 그가 그 이후 자신의 고향에 한 번도 가본 적이 없다는 걸 알 수 있었다.

나는 이런 생각이 들었다.

"정말 슬픈 일이야. 이 친구는 자신의 어린 시절과 결부시켜 생각할 만한 게 전혀 없군."

나는 그에게 태어난 곳을 방문해 보는 게 어떻겠냐고 권유했다. 그것은 그에게 인생에서 잃어버린 퍼즐 조각을 찾는 일이 될 테니 말이다.

우리가 물려받은 유산의 일부, 우리 자신의 일부는 우리가 어디서 태어나고 자랐는가와 결부되어 있다.

고향에 돌아가 본 지 얼마나 되었는가? 어떤 이들에겐 몇 주밖에 안 되었을 수도 있지만, 또 다른 이들의 경우는 수년이 흘렀거나 아니면 전혀 다시 가 본 적이 없을 수도 있다.

올해는 새로운 세기를 향해 앞만 보고 나아가는 것이 아니라 당신이 지나온 자리를 되돌아보는 시기도 되어야 한다. 그시절의 풍경, 건물들, 사투리, 이 모든 것이 오늘날의 당신 모습을 형성하는 데 영향을 끼쳤던 것이다.

당신이 태어났던 곳으로 가 어떤 것들이 기억나는지 보라. 모든 것들이 어떻게 변했는지 눈여겨보라. 잠시 들러 예전의 친구들을 만나 보라.

당신의 처음 시기를 회고해 봄으로써 그것을 미래를 위한 당신의 발판으로 삼도록 해라.

69

국가와 민족을 위해
기도하라

빌리 그레이엄 목사는 1993년 클린턴 대통령의 취임식에서 기도를 한 이후 사회 각층에서 강한 비난을 받았다.

그때 그레이엄 목사는 다음과 같은 말로 자신의 입장을 변호했다.

"나는 정당이나 강령이 아닌 단지 대통령을 위해 기도한 겁니다. 우리는 권력자들이 훌륭히 업무를 수행할 수 있도록 기도하란 말씀을 익히 들어오지 않았습니까?"

지금 우리 시대에는 처리해야 할 중요한 문제들이 산적해 있다. 우리는 이 모든 문제를 원활히 해결해 나갈 수 있도록 우리의 지도자들을 기도로 격려해 줄 필요가 있다. 어떤 정당을 지지하든 상관없이 바로 국가와 민족을 위해서 말이다.

신은 기도할 때 다음 사항들을 부탁드려야 한다.

· 국가의 지도자들에게 지혜를 주시고 판단을 내려야 할 때는
옳고 그른 것에 대한 확고한 신념을 갖게 해 주소서.

· 그들이 여론 조사나 로비스트, 기자들, 명성, 자긍심, 혹은
어떤 금전적 이득을 위해서가 아니라 항상 국가를 위해 올
바르고 가장 좋은 것에 우선권을 주게 하소서.

비록 당신이 대다수 다른 제안들은 무시한다 해도 이것
만은 잊지 말라. 국가와 민족을 위해 기도하는 데 확고
히 전념하라.

70

사랑하는 이와
직소 퍼즐을 하라

10살 무렵에 크리스마스 선물로 직소 퍼즐을 받았다. 그 조각들은 무려 천 개가 넘었다. 어린 아이가 천 개나 되는 조각을 맞춘다는 건 도무지 엄두가 나지 않는 일이었지만 나는 아직도 가끔 그 조각판 그림 속의 눈 덮인 산들과 수정처럼 맑은 호수에 비친 산들의 장엄하고 아름다운 그림자를 떠올리곤 한다. 물론 그 그림자 때문에 정확한 조각들을 찾아내기가 두 배나 더 힘들었지만 말이다.

어머니는 벽장에서 접이식 카드 탁자를 꺼내 주셨고 그것이 나의 작업대가 되었다. 여러 날 동안 저녁 시간이 되면(이건 우리가 TV를 갖기 전의 일이었다) 누나와 엄마, 아빠까지 가세해서 퍼즐 맞추기에 몰두했다. 그건 정말 우리가 한 가족으로서 나누었던 가장 기억에 남는 시간들 중 한때였다.

　오늘날 가족들은 서로 같은 공간에 모여 있어도 그리 많은 대화를 나누지 못하고 있다. 직소 퍼즐 맞추기를 함께 해나간 다면 예전에 내 가족처럼 당신 가족도 똑같이 즐거운 시간을 갖게 될 것이다.

　만약 아이들이 있다면 그들과 함께 가서 퍼즐 그림을 고르고, 피자를 주문해 먹으면서 함께 조각을 맞추는 정겨운 시간을 가져보는 건 어떻겠는가.

　커다란 직소 퍼즐을 다 끝내려면 여러 번에 걸쳐서 해야 하므로, 몇 날 밤은 가족들을 한자리에 모이게 해 줄 것이다.

　사진을 가져가면 그것으로 퍼즐을 만들어 주기도 한다.
　가족사진으로 퍼즐 맞추기를 하면 가족의 얼굴이 만들
　어져 나갈 때마다 미소를 지으며 즐겁게 퍼즐 맞추기를
　할 수 있다.

71

화내지 않고 온전히 하루를 보내라

몇몇 사람들은 오히려 하루 종일 화내지 않고 지내는 것을 상상조차 할 수 없을지도 모른다. 도로에서 차를 몰다가도 격분하고, 사무실에서 누군가에게 짜증 내는 일이 이제 다반사가 되었다.

당신은 하루에 몇 번이나 화를 내는가? 무엇이 그토록 당신을 화나게 하는가?

당신의 분노지수를 체크해 보라.

· 당신은 아무 이유 없이 상사가 당신을 비난하거나 동료들로부터 시달림을 받더라도 화내지 않고 온전히 하루를 보낼 수 있는가?

· 당신은 자동차 열쇠나 볼펜을 찾지 못해도 짜증을 참을 수 있는가?

· 어떤 '몰상식한' 운전자가 당신 앞을 가로막을 때 화내지 않고, 곧 그것을 잊을 수 있는가?

사람들은 앞으로도 계속 화를 낼 것이며 또 어떤 경우는 화를 내야만 하는 상황도 있다. '화'는 우리 감정의 하나로 우리와 함께 존재한다.

무엇 때문에 화가 나는 걸까? 보통 그것은 자존심이 상했을 때나 터무니없는 기대로 인해 생긴다. 우리는 다른 이들이 우리의 결점을 비난한 데 대해, 또 우리 자신의 자아를 끌어올리기 위해, 누군가가 자신에게 해를 가한다고 생각할 때 보복의 수단으로 '화'를 이용하는 듯하다. 이는 좌절과 손상에 대한 반발이다.

그러나 주의해라. 누군가 말했듯이 분노는 위험과 종이 한 장 차이라는 것을.

어떤 상황에서도 화내지 말고 하루를 지내라.
그리고 그 하루를 많은 날로 이어나가라.

72

21세기 스크랩북을
만들어라

21세기! 과연 누가 그것을 상상이나 했겠는가? 인간들은 수세기 동안 세상의 종말을 예언해왔다. 어떤 이는 1999년에 세상이 끝날 것이라 예언하기도 했다. 게다가 Y2K 버그에 대한 우려로 미래에 대한 두려움이 한층 가중되기도 했었다.

하지만 21세기는 이제 현실이다. 당신은 21세기 연대기를 스크랩북으로 만들어, 후손에게 계속 이어나가도록 할 수 있다. 가족과 역사적 사건 둘 다에 초점을 맞춰 당신의 스크랩북을 정리하라. 그 결과물은 분명 당신의 가문에 커다란 유산이 될 것이다.

먼저, 몇 가지 기본 원칙은 다음과 같다.

· 가족 전원을 포함시켜라. 이것은 가족 모두의 프로젝트가 되어야 한다.

· 가족 전체가 함께 계획을 세우고 전개시켜 나가라. 스크랩북을 연대순으로 엮을 것인지 주제별로 할 건지 아니면 가족 구성원별로 할 건지 등등을 함께 결정하라.

· 지금 당장 문구점이나 사무용품점에서 질 좋은 스크랩북을 구입하라.

어떤 내용을 포함시키고 어떻게 진행시켜 나갈 것인가는 당신 마음대로지만 여기 몇 가지 제안이 있다.

21세기 축하 행사의 기념품들과 학교 시험지, 신문 기사, 편지 및 카드, 사진, 기억할 만한 물건들 그리고 당신이 관심을 가지고 있는 다양한 추억의 물건 및 기념품을 포함시켜라. 그리고 무엇보다도, 스크랩북 만드는 일을 가족과 함께 즐겨라.

이 작업을 다음 세대로까지 이어나갈 계획을 세워 보아라.

73

다트 판을 사서
시합을 하라

다트 게임에는 사람을 끌어당기는 무언가가 있다. 표적을 향해 다트를 던지면 던질수록 "더 잘할 수 있는데, 조금만 하면 중앙에 맞힐 수 있어." 하는 최면 상태 비슷한 것에 빠지는 것 같다. 과녁의 중심이 요리조리 피하는 것만 같아서 말이다.

다트 게임은 골프나 볼링과도 다소 비슷하지만, 양궁과 가장 유사하다. 이 운동들은 모두가 혼자서, 혹은 상대와 경기를 할 수 있다. 이것 중에서 다트 게임이 가장 간편해 어디서든 다트 판만 걸어 둘 곳이 있으면 시합이 가능하다.

무엇보다도 다트 게임은 정신 집중에도 큰 효과가 있어 공부나 일을 하다 나른해질 때 하면 좋다.

게임의 긴장은 사람의 정신까지 바짝 죄어 준다.

다트 게임은 남녀 모두 성별에 상관없이 흥미롭게 즐길 수 있는 게임이기에 연인들끼리, 가족끼리 모여 하면 즐겁고 재미있는 시간을 보낼 수 있다.

친구나 이웃을 불러모아 친선 게임을 벌여 보는 것은 어떤가? 저녁 내기라든가 뭔가 부담스럽지 않은 작은 것을 걸고 내기 시합을 하면 더욱더 흥미진진해질 것이다.

74

동료들에게
점심을 한턱내라

비즈니스계의 리더들은 동료를 점심에 초대하면 많은 이익을 얻을 수 있다고 말한다.

점심에 초대할 동료가 반드시 같은 부서 사람이어야 할 필요는 없다. 당신의 업무와 관련된 다른 부서의 직원들을 초대하라.

지금 당신이 일을 더 열심히 할 각오를 다지고 있다면 당장 점심 자리 마련을 위해 '행동을 개시할' 분명한 계획을 세워라. 그것은 일을 위해서도 훌륭한 조치이지만, 동시에 새로운 친구를 사귈 수 있는 계기도 된다.

동료에게 점심을 한턱냈을 때 얻을 수 있는 이익들

· 동료의 초반 경력과 가족에 대해 더 친밀히 알게 된다.

· 취미와 관심사를 공유할 수 있다.

· 업무 외의 껄끄러운 점, 혹은 오해를 자연스러운 분위기에서 풀 수 있다.

· 때론 어떤 프로젝트에서 그들의 지원이나 도움이 필요할 수도 있다. 어쩌면 단순히 말 한마디 거들어 주는 작은 일이 될 수도 있겠지만 그들과의 관계가 발전됨에 따라, 당신은 더욱더 편하게 도움을 요청할 수 있다.

· 많은 정보를 얻을 수 있다.

비즈니스 리더들은 업무 효율성이라는 게 단지 일을 잘 하는 것만을 의미한다고 말하지 않는다. 그들은 인간관계에서의 성공이야말로 진정한 업무 효율성을 높이는 지름길이라고 충고한다.

75

생일의 진정한 의미를
새겨 보아라

오늘은 당신의 생일, 당신의 특별한 날이다. 가족과 친구들은 당신을 위해 선물을 준비하고 축하해 준다.

그런데 왜? 생일이 왜 특별한 날인지, 왜 선물을 하며 축하해 주는지 그 의미를 새겨 본 적이 있는가? 그저 매해 돌아오는 생일을 선물 받는 날로 치부해 버리지는 않았는가?

다가오는 이번 생일에는 좀 다르게 지내보자. 지금의 당신이 있게 해 준 부모님과 많은 도움을 준 친구들, 선생님들에게 감사의 마음을 보여 주어라.

선물 받는 날이 아니라 당신이 선물 주는 날로 만들어라. 비싼 물건을 준비하라는 이야기는 아니다. 이렇게 자라도록 도와준 그들의 정말 가격을 매길 수 없는 선물에 필적할 만한 것은 아무것도 없을 테니까. 고맙다는 전화 한 통화, 진심을 보여주는 편지 한 통이면 충분하다.

그리고 진정 고마웠던 사람들을 몇 명 불러 거창하지는 않더라도 진지한 생일 축하 모임을 가져 보아라.

마지막으로 진짜 중요한 한 가지!

당신 자신에게 선물을 주어라. 일 년 내내 그동안 진짜 가지고 싶었던 한 가지 물건을 사기 위해 저축을 하고는 스스로 선물을 주며 자축하라.

결국 이 세상에서 누구보다도 당신 생일을 축하해야 할 사람은 당신 자신이다!

다른 이들의 생일날에도 진심 어린 축하 인사를 해 보아라. 우체국의 축전을 이용하면 색다른 기분이 날 것이다.

76

스포츠 경기를 관람하라

꼭 그 스포츠의 골수팬이어야만 직접 경기장에 나가 관람한다고 생각하는가? 하기야 텔레비전에 비치는 관중들의 열광하는 모습을 보고 있노라면 그렇게 여기는 것도 이상하지 않다.

하지만 메이저 리그 야구 경기를 관람하기 위해 등판한 투수의 승률과 타자의 타율을 일일이 꿰고 있을 필요는 없다. 사실 경기장에서는 텔레비전으로 볼 때보다 오히려 더 경기 진행을 제대로 보지 못할 수도 있다. 그런데도 관중들이 그렇게 즐길 수 있는 이유는 일종의 연대 의식을 느끼기 때문이다.

한자리에 모여 다른 이들과 함께 '우리 팀'을 응원하고 시합 진행에 따라 일희일비하는 기분은 집에서 혼자 텔레비전으로 볼 때는 느끼기 어려운 쾌감이다.

고등학교 때 학교 팀을 응원한 이래 한 번도 스포츠 경기장에 가본 적이 없다면, 올해는 그렇게 해 보아라. 평소에 좋아하던 스포츠도 좋고, 잘 몰랐던 것이라도 괜찮다.

경기 규칙을 잘 모르는가? 그렇다면 가기 전에 조금만 관심을 두고 살펴보아라. 텔레비전 중계나 신문에서 어느 정도의 정보는 얻을 수 있다.

그리고 누가 알겠는가? 주변에 그 스포츠의 열성 팬이 있어 그 사람과 더욱 친근한 인간관계를 쌓을 수 있을지도 모른다!

77

당신의 자녀를 위해
한 그루의 나무를 심어라

나무가 우리 인간에게 주는 혜택을 열거하기란 끝도 없는 일이다.

더러운 공기를 깨끗하게 걸러주고, 많은 동식물들에게 영양분을 공급해 주어 인간의 식생활에 도움을 주며, 집을 짓고 가구를 만드는 재료가 되어 생활을 편리하게 해 주는 한편, 결정적으로 종이를 만들어 내 인간이 정보를 축적하고 공유하게 해 인간 사회가 비약적인 발전을 하는 데도 커다란 공헌을 했다.

이외에도 헤아릴 수 없이 많은 도움을 준 나무는 인간의 삶에 없어서는 안 되는 필수불가결의 귀중한 자원이다.

그러나 문명의 발달은 자연의 파괴로 이어져 이제 우리 주변에서 푸르른 녹음을 찾기가 갈수록 어려워지고 있다. 나무를 목재로 쓰거나 열매를 얻기 위해선 몇십의 세월이 흘러야 한다.

당신의 자녀와 후손을 위해 한 그루의 나무를 심어라!

그 나무에 아이들의 이름을 달아 더욱 의미를 부여할 수 있다. 나무를 심고 아이들에게 이것은 네 나무니까 잘 보살펴 주라고 말하라.

또한 명판을 만들어 아이의 이름과 간단한 내용을 적는다면 이 모든 행사를 통해 아이들은 당신의 진정한 사랑을 느낄 수 있고 더 나아가 환경 문제에 관심을 갖도록 할 수 있다.

78

혼자 여행을 떠나라

한 조사에 따르면 아무리 현 생활에 만족하는 사람일지라도 가끔은 가출 충동을 느낀다고 한다.

일상에서 벗어나 누군가의 아내, 남편, 엄마, 아빠 그리고 자식의 관계를 떠나 자신만의 시간을 갖고 싶다는 충동을 풀어 주지 않고 계속 쌓아두면 무기력증을 넘어 심각한 스트레스를 유발할 수 있다고 한다.

당신을 위한 가장 훌륭한 조언 하나! 혼자 여행을 떠나 보라.

되도록 1박 이상의 여행이 좋다. 그동안 정말 가보고 싶었던 곳으로 훌쩍 떠나라. 여행을 가서는 집이나 회사와는 완전히 연락을 끊고 있어야 한다.

자질구레한 집안일은 몽땅 잊어버리고 오로지 당신 자신에게 집중하라. 가슴으로 외부 공기를 흠뻑 받아들이고 정신까지 완전히 비우고 돌아와라. 진정한 재충전은 혼자 있을 때만 가능하다.

　일상에서의 탈출! 말로만이 아니고 행동으로 실행해라. 삶이 그럭저럭 흘러가게 두지 말고 온몸으로 느끼면서 살아라.

79

박물관이나 수족관,
동물원을 방문하라

어린 시절, 학교에서 소풍과 현
장학습으로 박물관, 동물원, 유적지에 가게 되었을 때면 교실
이라는 일상에서 벗어나 뭔가 신기한 것을 접한다는 기쁨으
로 가득 차 있었다. 물론 가끔은 단체 관람에 따르는 번잡함
에 짜증이 나기도 했지만, 그래도 그 놀랍고 가슴 설레는 체
험들은 아직도 내 유년 시절의 소중한 추억 중 한 부분을 차
지하고 있다.

하지만 나이가 들수록 그런 장소와는 거리가 멀어지고 만
다. 자신의 생활을 한 번 돌아보라. 최근에 박물관이나 유적
지에 가본 적이 있는가?

아마도 대부분의 사람이 마지막으로 박물관에 갔던 때가

언제인지조차 기억하지 못할 것이다.

어린 시절의 추억을 되살려 박물관이나 수족관, 또는 동물원으로 하루 여행을 계획하라. 만일 아이들이나 손자들이 있다면 이는 멋진 학습 체험이 될 것이다.

몇몇 동물원에서는 토끼나 닭, 사슴같이 순한 동물들을 만져 보고 함께 놀 수 있게 해놓기도 한다. 도심에서 자라나 동물을 별로 접하지 못한 아이들에게 생명의 소중함을 깨닫게 할 좋은 기회가 될 것이다.

게다가 덤으로 아이들과 즐거운 시간을 함께 하며 서로 간의 유대를 더욱 돈독히 할 수도 있다. 아이들에게 오래도록 기억에 남을 만한 주말을 만들어 주어라!

80

외국어를 배워라

성경에 보면, 고대 조상들은 한 가지 언어만을 썼으며 공통된 말을 갖고 있었다고 한다. 오랜 세월 동안 이런 상태가 지속되었다.

의사소통은 쉬웠으며, 노아의 시대에도 외국어는 없었다. 그러나 천국으로 가는 계단을 세우려는 욕망과 함께 반역심과 교만이 그 사악한 머리를 쳐들었다. 그 결과, 하나님이 인간을 벌하기 위해 공통의 언어를 혼란스럽게 하는 바람에 그것은 '알아들을 수 없는 소리(babble)'가 되었다고 한다. 여기서 바벨탑(Tower of Babel) 이야기가 유래된 것이다.

4~500년이 지난 지금도 여전히 수많은 사람이 새로운 언어 습득을 힘든 고역으로 여기고 있지만, 실상은 매우 흥미로

운 도전거리이다.

누구나 새로운 언어를 배울 능력이 있다. 처음에는 알아들을 수 없는 말을 지껄여대지만, 얼마 안 가 모국어를 쉽사리 배우는 어린아이들을 봐라. 아기도 새로운 언어를 배울 수 있는데 하물며 당신이 못할 게 뭔가?

외국어를 배우면 아주 확실한 여러 이익들이 눈앞에 펼쳐진다.

· 직업 선택의 기회와 폭이 넓어진다. 두 가지 언어를 구사하는 사람은 한 가지 언어만 하는 사람에 비해 훨씬 유리한 조건을 갖고 있는 셈이다.

· 여행과 휴가의 질이 높아진다. 만일 멕시코로 휴가를 떠날 계획이라면 스페인어 습득이 여행의 즐거움을 한층 높여 줄 것이다.

· 당신의 지적 성장에 긍정적인 영향을 미친다.

· 다른 문화에까지 관심을 갖게 된다.

81

헌혈을 하라

기증 받은 혈액이 없었더라면 크리스티 화이트는 결코 살아남을 수 없었을 것이다. 그녀에 겐 대략 22리터라는 엄청난 양의 피가 필요했었으니 말이다.

사고 후나 수술 도중에 혹은 신체 조직의 어떤 결핍을 보충 하기 위해 수혈을 필요로 하는 크리스티 같은 사람들이 점차 로 늘어가는 추세이다.

그러나 더욱더 많은 혈액들이 필요해지고 있는 지금의 상 황에 비해 오히려 헌혈을 하는 사람들은 점차로 줄어들고 있 기에 이제는 혈액을 수입해 오는 단계에까지 이르렀다.

명심하라! 헌혈은 단순한 선행을 넘어 당신 자신의 건강도 체크해 볼 수 있는 기회일뿐더러 그 헌혈이 언젠가 당신의 생명까지도 구할 수 있다는 것을.

만약 당신이 현재 정기적으로 헌혈을 하고 있다면 당신은 칭찬받아 마땅한 사람이다. 그러나 신체가 건강함에도 불구하고 헌혈을 하고 있지 않다면, 지금 당장 가까운 헌혈차나 헌혈소로 달려가 헌혈을 하라.

그것은 진정한 사랑의 표현이다.

82

꿈같은 휴가 계획을
세워라

언젠가는 파리나 로마에 가겠다고 꿈꿔 본 적이 있는가? 아니면 유람선을 타고 오랫동안 당신이 바라던 카리브 해로의 여행을 떠나고 싶지는 않은가? 호주나 하와이는 어떤가?

휴가는 심신을 상쾌하게 하지만, 세상의 온갖 훌륭한 의도들이 다 그렇듯 계획을 세우지 않는다면 그 또한 한낱 좋은 의도로만 끝날 뿐이다.

휴가지를 이미 골랐든 아니면 아직 꿈만 꾸고 있든 간에, 당신의 계획에 첫발을 내디딜 최적지는 여행사이다. 그곳에서 재미있고 흥미로운, 세계 각지를 소개한 광고 팸플릿들을 공짜로 볼 수 있다. 이런 소책자들을 통해 당신은 더욱더 즐겁게 꿈꿀 수 있고, 여행 계획을 짜는 데 도움을 얻을 수도 있다.

여행사 직원은 당신의 휴가 비용을 계산해 줄 뿐 아니라 계획 짜는 것까지 도와준다. 알다시피, 휴가를 떠나는 즐거움의 절반은 계획을 세우고 기대하는 데서 온다.

버나드 쇼가 했던 말을 당신의 격언으로 삼아라.

"당신은 사물을 보고 이렇게 말한다. '왜일까?' 그러나 나는 결코 존재한 적이 없는 것들을 꿈꾸며 이렇게 말한다. '왜 안 될까?'"

침대에 커다란 세계 지도를 펼쳐놓고 꿈같은 휴가를 꿈꾸어라. 알람시계가 울려댈 때 일어나 서두르기만 한다면, 꿈꾸는 건 전혀 해될 게 없다.

공상에만 잠기지 말고 그 '꿈의 휴가'를 실제로 계획하라.

83

하루 동안 금식하라

금식, 그것은 단순히 사회 변혁 투사들의 저항 행위도, 절망적으로 몸무게를 줄이기 위한 비만한 사람들의 처절한 절규도 아니다. 금식에는 무언가 정신적인 철학이 깃들어 있다.

당신은 어쩌다 아침 점심을 거르고 저녁때가 되면 그야말로 뱃가죽과 등가죽이 달라붙은 듯한 느낌을 받은 적이 있을 것이다. 그러나 그것이 다인가? 무언가 육체적으로 가벼워진 느낌, 그리고 정신적으로 맑아진 감각을 느끼지는 않았는가?

금식의 사전적 의미는 단순히 굶는 것이 아니다. '정신을 단련키 위해 일정 기간 음식을 삼가는 것'이 정확한 뜻이다.

위대한 철인이나 정신적 지도자들 중에는 금식을 통해 많은 깨달음을 얻고 해이해진 정신을 재무장했다는 이야기가 전해진다. 인도의 간디나 석가모니, 예수의 전기를 읽어보면 금식의 정확한 의미를 다시금 되새길 수 있다.

당신에게 완전히 위장을 비워 탈진하라는 이야기는 아니다. 하루 정도의 금식을 통해 육체와 정신을 가볍게 함으로써 정신의 집중을 높이고 자신과 주변에 대해 깊은 명상을 해 보라는 것이다.

금식은 삶의 에너지를 다시 집중시킬 수 있는 도약대가 될 수 있으며, 그로 인해 새로운 삶의 정신적 방향을 결정짓는 계기가 될 수 있다.

꼬박 하루 동안 금식을 실천해 보라. 하루 종일 명상하고 흐트러진 일상생활을 정리하라. 지금 무언가 일이 잘 되지 않고 있다는 생각이 든다면 금식을 통해 다시 한 번 삶을 재무장시켜라!

84

맛있는 아이스크림을
한 통 다 먹어라

아이스크림의 기원에 대해서는 전해 오는 말이 분분하다. 어떤 이들은 기원전 2000년경 중국에서 만들어져 마르코 폴로에 의해 유럽에 소개되었다고도 하고, 또 다른 이들은 알렉산더 대왕이나 로마의 네로 황제가 알프스 만년설에 꿀과 과일을 곁들여 먹었던 것이 시초라고도 한다.

어디에서 기원되었든 간에, 오늘날 아이스크림은 전 세계로 사랑받는 디저트이다. 종류도 다양해져서 크림, 바, 셔벗 등 여러 가지 타입이 있고, 맛에 있어서는 전통적인 바닐라, 딸기, 초콜릿도 여전히 인기가 있지만 여러 가지 다양한 맛들이 계속해서 개발되고 있다.

또한 입 안에서 차갑게 녹아드는 달콤한 맛이 주는 미각 면에서의 만족뿐만 아니라 가지각색의 색상이 주는 시각적인 즐거움 또한 무시할 수 없다(비록 그 중 몇몇은 사실 어떤 맛인지 시험해 보기조차 두려운 색이기도 하지만 말이다).

그러나 나이가 들었는데 어린애처럼 아이스크림을 좋아한다고 말하기 남부끄러울 때도 있을 것이고, 칼로리가 높다는 이유로 어쩔 수 없이 멀리하기도 했을 것이다. 그래서 늘어서 있는 아이스크림 전문점에서 당신이 가장 좋아하는 아이스크림이 당신을 향해 보내는 유혹의 손짓을 받고도 주저하고만 있었던 적이 많을 것이다.

한 번쯤은 유혹에 넘어가 마음껏 자신의 욕구를 충족시켜라. 아이스크림을 한 통 사서 남김없이 먹어라.

이것은 내가 나 자신에게 주는 상이다!

85

날마다 무언가 새로운 것을
배우겠다고 결심하라

당신이 몇백 년 전에 살았다면, 날마다 무언가 새로운 것을 배우려는 시도는 실로 무리였을 것이다. 과학은 걸음마 단계였고 책 또한 제한되어 있었으며, 통신 수단은 극히 느렸고 전자정보 고속도로 같은 것은 아예 없었으니 말이다.

그러나 21세기를 살아가는 당신이 날마다 새로운 무언가를 배우려 할 때 가장 중요한 문제로 떠오르는 것은 당신이 하루 동안 접하는 그 쏟아지는 정보 속에서 무언가를 골라내는 일이다.

새로운 배울 거리를 찾는 일은 그리 대단한 도전은 아니다. 거기서 한 단계 더 높은 도전으로 옮겨가 개인의 자질을 향상시키는 요소를 추가해 보자.

당신을 인간으로서, 직원으로서, 배우자로서 혹은 부모로서 향상시켜 줄 새로운 어떤 것을 배우는 데 전념해라.

자, 어디서부터 시작하겠는가?

· 인터넷을 이용하면 훌륭한 도움을 받을 수 있다. 온라인상에서는 굉장히 많은 정보를 얻을 수 있으므로, 당신이 배우려고만 들면 하루만에 365개의 새로운 것을 배울 수도 있다.

· 영감을 주는 책들의 도움을 받을 수도 있고 스스로 해결하는 것도 훌륭한 방법이다. 정기적으로 도서관이나 서점을 방문하라.

· 새로운 사실뿐 아니라 새로운 기술을 습득하고 싶다면 관련 사이트에 들어가 보라. 수천 가지 전문 사이트를 만날 수 있다.

노트를 가지고 다니면서 당신이 배운 특별히 새로운 것을 적어두어라.

86

공공 도서관을 위해
책을 한 권 사라

대학 시절 한 교수님이 가장 즐겨 하시던 말씀이, "너의 침대를 팔아 책을 한 권 사라"였다. 그분은 동기부여와 영감, 자극, 지식에 있어서 책이 너무도 중요한 역할을 하기 때문에 끊임없이 책을 사야 한다고 강조하셨다.

물론 그 교수님이 조금은 지나쳤을 수도 있다. 하지만 그분이 학생들에게 강조하고자 했던 사실은 좋은 책을 항상 가까이 두라는 점이었다.

도서관들은 공공용 도서를 들여놓기 위해 늘 분주하다. 그러나 그들에게 가장 큰 문제는 '팔 침대'가 충분치 않다는 데 있다. 도서관 예산은 항상 부족한데 그나마 예산의 대부분이 직원 월급 등의 고정비에 쓰이는 실정이다.

대다수 사람은 그만하면 도서관에 책이 충분한 것 아니냐고 생각할 것이다. 그러나 잠재적인 도서관 이용자 수 및 출판업자들이 연간 발행하는 신간 서적 수의 증가를 고려해 본다면, 도서관이 매년 추가하는 신간 서적 숫자는 실로 미미하다.

도서관들은 결코 신간 서적을 마련하는 데 쓸 자금을 충분히 확보하지 못하고 있다. 항상 부족한 정부 예산 중에서도 최하위 고려 대상이기 때문이다.

당신의 침대를 팔아 책을 한 권 사보는 것이 어떻겠는가? 설사 말 그대로 침대를 팔지는 않더라도, 지금 당장 가장 가까운 공공 도서관에 기증할 책을 한 권 구입하라.

87

악기를 하나 배워라

나는 항상 악기를 하나 정도 연주하고 싶었다. 그래서 피아노와 기타를 칠 줄 아는 친구 녀석들을 부러워하곤 했다. 그러다가 대학에 들어가서야 비로소 피아노 레슨을 받을 기회가 생겼다. 12번에 걸친 흥미진진한 레슨을 받고 난 직후(적어도 나에게는 그 시간이 흥미진진했다), 갑자기 선생님께서 심한 병에 걸리시는 바람에 나의 피아노 교습 시절은 끝이 나고 말았다(참고로 절대 내 피아노 연주 때문에 선생님께서 병이 나신 건 아니었다).

그러나 아직도 악기를 연주하고 싶다는 내 마음은 변하지 않았다. 내 손끝에서 흘러나오는 아름다운 음악, 상상만으로도 가슴 벅차다. 하지만 생각만큼 쉽지 않다는 게 문제이다.

여기 음악을 좋아하고 직접 악기 하나 정도를 연주하길 원하는 사람들에게 매우 반가운 소식이 있다. 발전된 기술 덕분에 그 어느 때보다도 쉽게 악기 연주법을 배울 수 있게 된 것이다.

시중에 당신의 컴퓨터를 강력한 피아노 개인교사로 바꾸어 줄 수 있는 다양한 컴퓨터 소프트웨어가 나와 있다. 실제로 피아노 키보드를 당신의 컴퓨터에 연결하면 거의 순식간에 당신은 피아노 연주를 배우게 될 것이다.

올해에는 당신 주위에 늘 아름다운 음악이 흐르게 하라.

88

참신한 유머집을 한 권 사서
몇 가지 외워 두라

갓 운전면허를 딴 아들이 목사인 아버지에게 차를 빌려 달라고 하였다. 그러자 아버지는 "좋다. 네가 만약 학교 성적을 끌어올리고, 하루에 조금씩 성경 공부를 하고, 머리를 단정히 깎겠다고 약속하면 네 부탁을 들어주마."라고 말했다.

그로부터 한 달 후, 아들이 다시 아버지에게 차를 빌려 달라고 하였다.

"아들아, 네가 정말 자랑스럽단다. 학교 성적도 오르고, 매일 성경 공부도 열심히 하다니. 그런데 아직 머리는 깎지 않았구나."

"아버지, 저도 그 문제를 깊이 생각해 봤습니다. 그런데 삼

손도 그렇고, 모세도, 그리고 누구보다도 예수님께서도 머리를 기르고 다니셨더라고요."

"그래, 그래서 그분들은 모두 가는 곳마다 직접 걸어서 다니셨지!"

당신은 마음속으로 얼마나 많이 되뇌어 왔던가.

"내가 들은 재미있고 참신한 유머를 몇 개 기억할 수 있다면 얼마나 좋을까. 듣는 즉시 거의 그것들을 잊어버리고 마니……. 단 하나라도 기억할 수 있다면 뭐든지 할 텐데."

사람들은 거의 매일같이 새로운 유머를 듣는다. 직장에서 듣게 되는 그런 이야기들의 대다수가 건전치 못한 내용이란 것이 큰 문제이긴 하지만, 만일 당신이 보통 사람들과 다를 바가 없다면 당신은 하다못해 외설스럽지 않은 것들만이라도 기억해 두었다가 다른 사람들에게 이야기해 주고 싶을 것이다.

유머는 활력을 주고 불쾌한 상황을 밝고 긍정적으로 변화시킬 수 있다. 참신하고 재미있는 유머 책을 한 권 사라. 그것을 읽고 당신의 유머 감각을 자극하는 내용을 몇 개 골라낸 다음, 그것들을 외워라.

그다음 날 점심때나 자판기 주변에 동료들이 모였을 때, 몇 가지 참신하고 재미있는 우스갯소리로 모임의 활력소가 되어라. 이것을 당신의 '해야 할 일' 목록에 올려놓아라.

한 권 사라. 그것을 읽고 당신의 유머 감각을 자극하는 내용을 몇 개 골라낸 다음, 그것들을 외워라.

그다음 날 점심때나 자판기 주변에 동료들이 모였을 때, 몇 가지 참신하고 재미있는 우스갯소리로 모임의 활력소가 되어라. 이것을 당신의 '해야 할 일' 목록에 올려놓아라.

내가 지금까지 하지 못했던 것들

초판 1쇄 인쇄 2021년 11월 15일
초판 1쇄 발행 2021년 11월 20일

지은이   댄 펜월
옮긴이   손원재
펴낸이   한익수
펴낸곳   도서출판 큰나무
등록   1993년 11월 30일(제5-396호)
주소   (10424)경기도 고양시 일산동구 호수로430번길 13-4
전화   031 903 1845
팩스   031 903 1854
이메일   btreepub@naver.com
블로그   blog.naver.com/btreepub

값 13,500원
ISBN 978-89-7891-332-4(03190)
잘못 만들어진 책은 구입하신 서점에서 교환해 드립니다.